Franka Unger

FLÜGEL-SCHLAG für FLÜGEL-SCHLAG

novum pro

www.novumverlag.com

© 2021 novum Verlag

ISBN 978-3-99107-541-7
Lektorat: Dr. Johannes Krämmer
Umschlagfotos: Tomert,
Maksym Velishchuk | Dreamstime.com,
Vera Pötzsch
Umschlaggestaltung, Layout & Satz:
novum Verlag
Innenabbildungen: Vera Pötzsch

Die von der Autorin zur Verfügung
gestellten Abbildungen wurden in der
bestmöglichen Qualität gedruckt.

Gedruckt in der Europäischen Union
auf umweltfreundlichem, chlor- und
säurefrei gebleichtem Papier.

www.novumverlag.com

Bibliografische Information
der Deutschen Nationalbibliothek:

Die Deutsche Nationalbibliothek
verzeichnet diese Publikation in
der Deutschen Nationalbibliografie.
Detaillierte bibliografische Daten
sind im Internet über
http://www.d-nb.de abrufbar.

Inhalt

Prolog

Du denkst, uns gibt es nicht? Du findest keinen Grund, um an uns zu glauben? Du bist überzeugt, es gibt nur die Materie und glaubst, du seist ein Körper mit Verstand und Herz, welchem die Chance zuteilwurde, ein Leben zu bestreiten. Aber es gibt uns. Es gibt mich. Und zwar schon sehr viel länger, als du dir vorstellen kannst. Zeit ist für uns Seelen kein Maß. Ein Menschenleben nur ein Flügelschlag. Und doch sind wir – bin ich – deine Quelle. Ich schenke dir die Wahrnehmungen, Erinnerungen und Sehnsüchte, mit denen du durchs Leben gehst. Ich bin dein Lebensatem. Ich wohne tief in dir, ab der ersten Zelle begleite ich dich, bis du deinen letzten Atemzug hier auf Erden tust.

Ich bin dein Innerstes und bestimme damit, wer DU allein wirklich bist und welche Wege du einschlagen kannst. Stell dir vor, tief in deinem Inneren würdest du tatsächlich nicht an eine Seele glauben. Wie verloren würdest du und all die anderen Menschen sich denn dann nur vorkommen, wenn ihr die Gewissheit habt, dass ihr nicht unendlich seid und dieses Leben eine „Deadline" hat. Doch eigentlich wisst ihr es alle. Die Armen, die Reichen, die Rationalen sowie die Emotionalen. In euch wohnt euer eigenes Selbst – eure Seele. Aus mir heraus entsteht euer individuelles Bewusstsein!

Ich wandere von Körper zu Körper. Von Leben zu Leben. Ich bin unendlich und besitze meine eigene Quelle, welche niemals versiegt. Wir Seelen sind allerdings nicht, wie ihr glaubt, nur ein „Ding", das in euch wohnt und sich niemals verändert. Vielmehr bin ich ein fortwährend entstehender Vorgang. Denn auch ich habe ein großes Ziel. Ich muss komplett werden. Ich möchte den höchsten Stand der Seelenreife erreichen, den unvergleichbaren Lebensgenuss erreichen, unermesslich wachsen und durch das Erfüllen von Aufgaben mehr und mehr dazu lernen. Um am Ende eins zu sein, ein Ganzes.

Wir Seelen haben nicht alle Anteile in uns – Anteile, welche fehlen, gilt es zu erwerben. Machen wir während eines Menschenlebens große und schwerwiegende Fehler oder gar schlechte Erfahrungen, passiert es uns häufig, dass wir nach einer Reinkarnation genau solche Fehler als Lernaufgabe im nächsten Leben erneut gestellt bekommen. Dies kann uns so oft passieren, bis wir das Gelernte wirklich verinnerlicht haben. Dazu besitzen wir Lernpartner. Ihr nennt sie Seelenverwandte. Eine Vereinbarung, die wir trafen lange vor dem körperlichen Eintritt. Die Lernpartner helfen uns bei den Aufgaben, die uns bevorstehen.

Du glaubst immer noch nicht an mich? Betrachte dein Leben! Wieso geschehen dir Dinge? Weswegen empfindest du sie als schlecht oder als besonders gut? Und warum sehen andere nicht alles aus demselben Blickwinkel wie du?

Öffne dich deiner inneren Wahrheit, deiner Quelle und mir. Denn nur solange ich für dich so existiere, wie Verstand und Herz, kann ich auch etwas für dich tun und selbst daran wachsen.

Ich nehme dich mit auf meine Reise, damit sich dein Horizont endgültig erweitern kann. Ich nehme dich auf diese Reise mit, damit du verstehst, dass du nicht nur ein Teil des großen Ganzen bist, sondern auch für dich ein Ganzes sein kannst und den Genuss des Lebens tief in dir spürst. Flügelschlag für Flügelschlag, bis wir gemeinsam den Flug genießen können.

Das erste Leben, in welches ich schlüpfen durfte, war das eines Vogels. Meine Zeit im Käfig war nicht schlimm, sie tat mir nicht weh. Sie füllte mich aus. Und meine erste Lernaufgabe stand bevor. Immer wollte ich den Sehnsüchten nach Freiheit nachgeben, doch ich lernte, dass das Herz den Kopf nicht beherrschen durfte. Ich erfuhr auf schmerzliche Weise, dass Kopf und Herz nur gemeinsam funktionieren können und dass die **Vernunft**, die aus Kopf und Herz besteht, zu gleichen Teilen über unser Handeln bestimmen sollte.

Flügelschläge

Ich bin ein Vogel, so ein kleiner, grauer, nichts Besonderes. Ich lebe in einem Käfig, meine Tage sind immer dieselben, ich bin am Leben, aber ich lebe nicht. Ich fliege zwischen zwei Ästen im Käfig hin und her, trinke ein Tröpfchen und esse, weil ich muss. Niemand kommt an meinem Käfig vorbei, niemand interessiert sich, wie es mir geht und niemand schaut mich an, keiner bewundert mich, keiner schenkt mir Aufmerksamkeit. So lebe ich seit Jahren in meinem Käfig. Ich will nicht wissen, wie lang ich dieses Leben noch friste. Doch bisher kam in diesen Jahren schon einige Male, jemand vorbei, der meine Käfigtür öffnete.

Beim ersten Mal flog ich, ich flog hinaus, höher, schneller, weiter, soweit meine zarten Flügel mich nur trugen. Ich spürte den Wind in den Federn und war so aufgeregt. Jeder meiner Atemzüge fühlte sich plötzlich so echt an, so gewaltig und so ganz anders als in meinem Käfig. Ich flog so hoch, meine Federn waren nicht mehr grau, sie leuchteten blau im Sonnenlicht, funkelten grün, wenn der Wind sie berührte, und hinterließen einen roten Schweif, je höher ich aufstieg. Das war das Glück in seiner reinsten Form. Doch ich wusste es nicht besser und flog zu hoch, ich stieß an den Himmel, verbrannte mir meine Federn an der Sonne und fiel schnell und tief zu Boden. Als ich aufwachte, saß ich wieder in meinem Käfig. Die Tür war geschlossen. Ich war abgemagert, ich hatte Schmerzen und es war, als wäre ein Teil von mir gestorben. Nun wusste ich einmal, wie es außerhalb meines Käfigs war und das konnte mir niemand mehr nehmen. Doch da war ich, gefangen!

Ich wusste nicht, wie lange es wieder dauern würde und ob es überhaupt noch einmal passierte bis sich meine Tür wieder öffnet. Ich wartete zwei Jahre, bis sich die Tür eines Tages aus dem nichts erneut öffnete. Wieder ergriff ich schnell meine Chance, doch der Schmerz vom letzten Mal saß tief, deswegen war ich ängstlicher. Wieder spürte ich den Wind, roch die frische Luft und atmete! Ich atmete, als wäre nur dies das einzig richtige Leben, atmete schnell und konnte nicht genug davon bekommen. Doch ich sah mich nicht genau vor und kollidierte mit etwas. Wieder sank ich schnell und wie ein Stein zu Boden, ich wachte auf und befand mich erneut in diesem Käfig!

Es war ein Stück von mir zerbrochen, wieder hatte ich Federn verloren und die Tür war geschlossen. Doch nun wusste ich nicht nur, wie es draußen ist, sondern auch, dass es wiederholt passierte und deswegen sicherlich wieder passieren wird. Mein Leben im Käfig wurde dadurch zumindest ein bisschen aufregender, denn nun wartete ich immer mit einem nervösen Kribbeln im Bauch darauf und war voller Spannung. Häufig hing ich meinen Gedanken an diese wunderschöne Freiheit nach. Aber mir kam auch der Gedanke: War ich vorher glücklicher, als ich diese Freiheit noch nicht kannte? Als ich weniger sehnsüchtig war und noch dachte, jeder Tag sei gleich? Jetzt bin ich jeden Tag, an dem sich diese Tür nicht öffnet, ungeduldig, wütend, deprimiert und traurig. Ich musste also das Beste aus meiner Situation machen. Ich nahm die Scheuklappen von den Augen. Ich sah andere Vögel, vielleicht geben sie mir das Gefühl, welches zumindest vergleichbar mit dem Gefühl der Freiheit sein würde, dachte ich. Mein Leben zog an mir vorbei, während ich auf die Freiheit wartete, deswegen beschloss ich, es zu wagen. Ich zwitscherte mit anderen um die Wette, ich plusterte mein Federkleid auf, ich tat alles das, was die anderen taten. Jedoch immer mit dem Unterschied, dass sie, im Gegensatz zu mir, dieses Gefühl des unendlichen Fliegens und Atmens nicht kannten. Also passte ich mich an, um dieses unbeschreibliche Gefühl wieder vergessen zu können. Ein paar der anderen Vögel wurden zum Mittelpunkt für mich, sie gaben mir Halt und Unterstützung, machten mein Leben lebendiger, bunter, fröhlicher und lauter. Vergessen konnte ich dieses Gefühl jedoch keinen einzigen Tag so richtig, es verblasste nur leicht, doch dieses Kribbeln hielt an.

Ich musste dieses Mal nur ein Jahr warten, bis sich die Tür erneut öffnete. Mein Herz schlug wie wild. Und wieder hinaus, schneller, weiter, höher, doch immer mit einer gewissen Vorsicht, mich nicht nochmals zu verletzen. Schnell wurden mir jedoch die Flügel schwer und starr. Ich glänzte in allen Farben und blühte auf, doch stellte gleichzeitig fest, wie schwer diese Freiheit, die mir geschenkt wurde, war. Ich konnte sie nicht regulieren, nicht mit ihr in Maßen umgehen, und dennoch liebte ich sie! Ich liebte sie tief und rein. Doch plötzlich wurde alles schwarz!

Als ich meine Augen quälend öffnete, war ich eingesperrt in meinem Käfig!

Meine Augen standen voller Tränen und ich sah nur verschwommen. Ich wollte gar nicht mehr richtig sehen und nicht aufs Neue damit konfrontiert werden, dass ich mich wieder in meinem Käfig befand, doch ich war mir dessen voll und ganz bewusst. Wiederholt von vorne anfangen, abermals mein Leben aufbauen, mit ein paar Federn weniger und wieder um die Freiheit trauernd. Ich musste diesen großen Verlust nun schon ein drittes Mal erleben. Jedes Mal ging ich mehr kaputt, verlor aufs Neue meine Farbe und meinen Glanz und wurde zu dem tristen, grauen, kleinen Vögelchen. „Also auf ein Neues!", sagte ich mir immer selbst. Was hatte ich schon für eine andere Wahl? So umgaben mich erneut wichtige Wegbegleiter und Ereignisse, die ich mit anderen meiner Art verbrachte. Es verblassten die tiefen Wunden, die mir das Gefühl, das ich doch eigentlich so liebte, zugefügt hatte. Doch vergessen ging nicht, drei lange Jahre.

Da schien dieses helle Licht der Sonne in meinen Käfig und der Windhauch fuhr durch mein Federkleid. Nun ging ich nur langsam hinaus, blickte diesmal sogar noch einmal zurück in mein Zuhause, bevor ich erneut meine Flügel ausbreitete. Ich riss mich zusammen, ich wollte dieses Gefühl diesmal besser „portionieren", traute mich nicht einmal, zu lächeln, obwohl es im Bauch wieder kribbelte. Ich wagte die tiefen Atemzüge diesmal nur sehr langsam und war ängstlich wie nie zuvor. Ich blickte in jede Himmelsrichtung und wog jedes Hindernis genau ab, bevor ich mir zutraute, es zu überfliegen, aber trotzdem hatte mich die Freiheit wieder voll im Griff. So lang wie dieses Mal konnte ich sie vorher nie genießen, offensichtlich war also Vorsicht genau das Richtige, aber auch diese Taktik brachte mich letztendlich nicht ans Ziel. Ich spürte einen heftigen Schlag. Es gab keine Möglichkeit, einzuschätzen, ob der Schlag von oben kam oder ob es zeitgleich auch schon mein Aufprall auf den Boden war. Ich glaube, nun ist einer meiner Flügel letztlich ganz gebrochen, dachte ich noch so für mich, als ich mich schon ganz plötzlich wieder in meinem Käfig vorfand. In mir breitete sich ein dumpfes, tiefes und dunkles Gefühl aus, es umhüllte mich voll und ganz, es übermannte mich und ich konnte und wollte nicht mehr kämpfen und gab mich dem Gefühl hin.

Es dauerte nun noch sehr viel länger, bis ich aus meinem Sumpf, aus meinem Loch, in das ich innerlich fiel,, wieder herauskam. Immer wieder aufs Neue beschäftigte mich die Frage, warum meine Käfigtür sich öffnete und die der anderen verschlossen blieb. Warum landete ich jedes Mal aufs Neue in meinem Käfig? Warum musste mir so etwas passieren? Ich hasste teilweise dieses Gefühl, verfluchte den Tag, an dem ich es kennenlernen durfte und vermisste es zur gleichen Zeit. Liebte mich die Freiheit nicht? Warum überlegte es sich die Freiheit bloß jedes Mal wieder anders? Diese Fragen bohrten Löcher durch mein Herz und zerschmetterten mein Hirn. Sehr lange Zeit war ich deshalb für nichts mehr offen und für nichts zu gebrauchen. Wie kann einem etwas nur so guttun und zu gleichen Teilen so zerstören? Es war mir unklar! Ich zog mich zurück. Ich hatte einfach keine Lust mehr! Ich dachte mir: „Da bleibe ich doch lieber in meinem Käfig." Auch wenn ich es hier ebenfalls nie ganz leicht hatte mit all den anderen bunten, schönen Vögeln, die mir haushoch überlegen waren und ich mich hier und da auch mal stieß, so hatte ich dies doch wenigstens besser im Griff, als in der Freiheit. Doch die Freiheit schien diesmal mich zu vermissen, denn obwohl meine Wunden vom letzten Mal noch nicht verheilt waren, ging die Tür doch tatsächlich ein weiteres Mal auf, und zwar sehr schnell und unsanft. Als ob mir die Tür sagen wollte „Nun mach schon! Mach, dass du rauskommst!"

Dieses energische, weckte meinen Kampfgeist. „Nein!", dachte ich, „das muss doch mal zu schaffen sein", immerhin muss es etwas bedeuten, wenn die Freiheit immer wieder nur bei mir anklopft. Also raus, hoch, weit, in Maßen genießen, umsehen, atmen, ausbreiten, Sonne und Wind spüren, gesunde Zweifel hegen, vorsichtig herantasten, pure Freude empfinden, lieben.

Um dann erneut getroffen zu werden, tief zu fallen, hart aufzukommen, Schmerzen zu haben, ganz unten zu versinken, Federn zu verlieren, im Käfig zu hocken, sich mit anderen abzulenken, sanft die Wunden zu lecken, schmerzlich an schöne Erinnerungen zu denken.

So ging das wieder und wieder, ich weiß nicht wie oft. Ich ärgerte mich nur noch über mich selbst und darüber, dass ich überhaupt noch hinausflog, anstatt im sicheren Käfig zu bleiben. Vielleicht ist sie das ja auch, die Freiheit? Vielleicht tut sie jedem so weh? So kam es, dass ich zu einem Vogel wurde, dessen Blick von anderen immer als traurig oder auch als böse angesehen wurde. Dies machte es den anderen geradezu unmöglich, mich noch zu erreichen. Ich wurde diszipliniert, streng und wertend. Ich gab mich zeitweise mit Vögeln ab, die mir eigentlich nicht guttaten. Ich suchte bewusst andere auf, von denen mir mein Gefühl abriet. Ich strafte mich mit schlechtem Umgang und ging auch mit mir selbst lieblos um. Ich quälte mich mit meinen Gedanken, mit dem falschen Tröpfchen Wasser, mit viel weniger Essen und mit harten Flugeinheiten durch meinen Käfig – es sollte so sein! Ich wollte, dass es mir die ganze Zeit schlecht ging, denn ich redete mir ein, mich selbst dafür bestrafen zu müssen, dass ich so oft hinausflog und meine Grenzen missachtete.

Es vergingen Jahre, in denen es mir nicht gut ging. Mein Federkleid wurde grauer, meine Augen schlechter, mein Zustand schwächer. Ein paar Vögelchen schafften es zwar, meine Mauer zu durchbrechen. Und gegenüber jenen, die es schafften, konnte ich lustig, aufgeschlossen und liebenswert sein. Doch in mir wohnte sie jetzt nun einmal, die tiefe Trauer. Sie gehörte zu mir. Über die Jahre hinweg sammelte ich meine Kraft nach und nach wieder und beschloss, das zu tun, was um mich herum auch alle anderen taten, damit mein Leben nicht gar zu sinnlos bleiben würde: Ein Nest zu bauen und ein Ei zu hüten und zu wärmen. Ich hatte nicht mehr viel Wärme in mir übrig, war aber sehr entschlossen, es zu wagen. So kam es, dass ich eines Tages nicht mehr allein war, und bald nicht mehr zu zweit, sondern zu dritt. Aus meinem Ei schlüpfte das schönste Küken der Welt, zu dem meine Liebe bedingungslos und endlos war. Ein Nest war schnell gebaut und mein Innerstes war nicht mehr ganz so düster. Ich erlebte glückliche, kritische und schmerzliche Momente und war am Leben. Ich atmete nicht so tief wie in der Freiheit, aber Hauptsache ich atmete. Mein Küken war der Lichtblick, den ich brauchte. Mein Partner gab mir den nötigen Halt, um nicht wieder gänzlich zu versinken. Die Zeit verstrich. In mir haben die Gedanken über diese Freiheit nie ganz aufgehört, doch sie sind verblasst und ich lernte mit ihnen zu leben. Manchmal holten sie mich ein, wenn ich spätabends oder in der Nacht aus meinem Käfig heraus in die Sterne schaute. Dann fragte ich mich, ob es das jetzt tatsächlich gewesen sei.

So viel Zeit ohne die Freiheit war, seit ich diese kannte, noch nie vergangen. Offensichtlich hatte sich die Freiheit vor längerer Zeit ein Vögelchen gesucht, mit dem sie besser zurechtkam, das besser flog als ich und nicht alles auf einmal wollte. Ein Vögelchen mit Geduld und viel Liebe. Ein Vögelchen, welches die Freiheit mit ihrer Sonne, dem Wind und dem Schimmern noch schöner machte. Doch tief in mir wusste ich, dass es niemals einen Vogel geben wird, der mit der Freiheit eine so tiefe Verbundenheit empfinden wird wie ich. Beim Gedanken daran ärgerte ich mich darüber, dass ich all dies nicht konnte und der Freiheit nicht genügte. All diese Fragen in meinem Kopf kamen nie zu einer Antwort. Ich gab mich zufrieden mit allem, was ich mir in meinem Käfig geschaffen hatte. Es genügte mir zum Glücklichsein. Ich war stolz und kämpfte tagein tagaus für meine kleine Vogelfamilie. Jahr um Jahr war ich mir zunehmend sicher, dass die Freiheit zur Vergangenheit gehörte.

Plötzlich, an meinem Geburtstag, wieder ein helles Licht! Ein Licht, wie ich es nur von der Freiheit kannte. Mein Bauch kribbelte. Ein erfrischender Windstoß, so wie ihn nur die Freiheit jedes Mal durch mein Federkleid fahren ließ, ich zitterte. Ein Glänzen, so schön wie ich es vorher nie kannte – bis auf meine Zeit mit der Freiheit. Mein Kopf wurde ganz heiß. Das alles konnte nur eines bedeuten. Ich wagte den Blick zu meiner Käfigtür und sie stand offen. Ich war fassungslos und konnte das alles gar nicht glauben. Die Freiheit, sie war wiedergekommen, zu mir. Ja, zu mir! Sie schien mich doch nicht vergessen zu haben. Vor lauter Aufregung dachte ich nicht an Richtig oder Falsch und wagte mich langsam und eher schleichend nach draußen. Diesmal war kein Blick zurück in meinen Käfig nötig, denn mittlerweile war ich mir sicher, dass ich hier sowieso wieder landen würde. Dieses Mal wollte ich es aber anders machen. Ich wollte den Zeitpunkt, an dem ich zurückkehre, selbst bestimmen, und ich wollte, dass es sanfter ablief als die vorhergehenden Male. Da war er wieder, der Wind, der mir unter die Flügel fuhr. Ich stieß mich ab und flog. Wie hatte ich das vermisst, dieses Atmen, es war einmalig! Alles kribbelte und kitzelte an mir, ich fühlte mich so lebendig wie jahrelang nicht mehr. Ich genoss das warme Lächeln der Sonne auf meinem geschundenen Gefieder, ich kostete jeden Windzug aus, war er auch noch so klein. Ich tat dies alles zärtlich und gefühlvoll. Ich flog nur dorthin, wohin die Windstöße mich haben wollten, ließ mich tragen, versuchte nichts zu überstürzen oder zu erzwingen. Ich legte den Kopf in den Nacken und blinzelte durch die Augen in dieses sanfte, wärmende Licht. Das Schimmern und Funkeln brachten mich zum Jauchzen. Ich bin am Leben! Ja, ich bin am Leben und ich bin lebendiger als je zuvor. Was hatte ich nur alles verpasst? Auf was für großartige Gefühle musste ich nur all die Jahre verzichten! Ich war schockiert, wie lange ich es ohne die Freiheit nur aushalten konnte! Es war wunderschön, ich begegnete der Freiheit mit viel Achtung und Stolz. Es war ein großes Privileg für mich, sie tatsächlich erneut genießen zu können und es breitete sich Dankbarkeit in mir aus. Dieses pure, reine Glück kann ich niemandem beschreiben.

Nach einer Weile nahm der Wind zu. War ich jetzt schon ein paar Tage geflogen? Die Zeit verging so schnell, weil es so schön war. Ich fragte die Freiheit, warum wir nicht zusammen sein können und warum ich sie nicht mit in meinen Käfig nehmen oder hier bei ihr bleiben könne. Sie antwortete mir sanft, aber fest entschlossen, dass sie nicht mitkommen könne, weil sie hier sonst alles, was aus ihr geschaffen wurde, allein lassen müsse. Und ich könne nicht bei ihr bleiben, weil ihr diese starke Anziehungskraft, die zwischen uns herrscht, Angst mache. Die Freiheit erklärte mir, dass sie mich nicht dauerhaft um sich haben kann, da sie zu solch etwas Großem nicht fähig sei. Doch sie musste mich immer wieder in meinen Käfig sperren, damit sie wusste, dass sie mich nicht ganz verliert. Denn ganz ohne mich konnte sie nicht sein, sonst hätte sie mich nicht immer wieder für ein paar Traumflüge zu sich geholt.

Der Wind ließ mich nicht mehr gleiten und ich fing an zu wackeln. Nein, nicht schon wieder ein Absturz! Das wollte ich nicht. Gefühlvoll und vorsichtig gleitete ich zu Boden. Ich sah mir die Freiheit noch einmal ganz genau an. Ich nahm noch einmal einen tiefen Atemzug. „Danke", konnte ich ihr nur sagen und sie schimmerte und funkelte mich an wie nie zuvor. Ich war so glücklich und wollte noch gar nicht zurück, aber ich musste, sonst würde es wieder ungemütlich für mich enden. Das hatte ich inzwischen von der Freiheit gelernt.

Ich hüpfte diesmal ganz von allein auf meine offene Käfigtür zu und sah noch einmal zurück. Obwohl der Wind der Freiheit inzwischen tobte, streichelte sie mir ein letztes Mal noch mit einem Sonnenstrahl über meine Federn. Dieses Mal habe ich keine Feder verloren. Dieses Mal gehe ich von allein zurück in meinen Käfig und bin voller Dankbarkeit, dieses Glück noch einmal erlebt haben zu dürfen.

Der Abschied fällt mir jedoch schwer. Schnell hinterlasse ich eine kleine zarte Feder von mir. Und diesmal freiwillig, damit ich weiß, dass ein Teil von mir immer im Wind der Freiheit wehen wird. Meine Augen füllen sich mit Tränen. Wie kann man nur zufrieden und gleichzeitig so unglücklich sein? Das werde ich wohl nie verstehen. Ich hüpfe in meinen Käfig, die Tür schließt sich sanft hinter mir und ein letztes Glitzern ist zu sehen. Nun weiß ich, dass die Freiheit auch mich vermisst hat, sie hat genauso auf mich gewartet wie ich auf sie. Sie hat meinen Rundflug genauso genossen wie ich. Sie war bei jedem meiner Ausflüge über die Jahre hinweg genauso ängstlich wie ich. Nun haben wir eine sanfte Landung geschafft. Von diesem Erfolg fühle ich mich noch ganz betrunken und am Himmel fliegt auch noch eine Sternschnuppe vorüber. Ich bin erschöpft, müde und merke, dass ich schon lange nicht mehr gegessen und getrunken habe, weil ich von der Freiheit zehren konnte. An die Sternschnuppe richte ich gedanklich noch eine tiefe Dankbarkeit und ein „Lebewohl", bevor ich zufrieden in den Schlaf sinke. Die Freiheit weiß jetzt so gut wie ich, dass ich sie nicht mehr besuchen werde, weil ich es nicht ertragen kann, sie nicht dauerhaft haben zu können.

Meine Trauer sitzt am nächsten Tag wieder genauso tief wie jedes Mal zuvor. Ich habe mich zwar dieses Mal nicht verletzt, aber trotzdem fühle ich mich wieder, als müsse ein Teil von mir gehen, als müsse ich mich verabschieden, als würde ich trauern. Ich weiß schon aus Erfahrung, dass das Kribbeln in mir noch ein paar Wochen anhalten und mit meiner tiefen Traurigkeit so lang konkurrieren wird, bis es mir wieder Löcher in Herz und Kopf frisst und ich kaum noch klare Gedanken fassen kann. Doch ich bin dankbar, dass es diesmal so sanft funktioniert hat, trotz Herzschmerz. Das Ende wird immer offenbleiben. Wird die Freiheit es bei diesem letzten unfallfreien Flug belassen oder wird sie mich in ein paar Jahren erneut aufsuchen? Das steht alles in den Sternen. „Liebe Freiheit, auf Dich und deine Sterne, auf das, was du in Haut und Herzen trägst, ich dank Dir.

Dich genießen zu können, wird immer ein Teil von mir bleiben. Du und ich haben uns etwas geschaffen, was uns niemand mehr nehmen kann und es fehlt mir, Dich zu spüren, an jedem Tag, an dem ich lebe!"

Ich bin ein Vogel, so ein kleiner, grauer, nichts Besonderes. Ich lebe in einem Käfig, meine Tage sind immer dieselben, ich bin am Leben, aber ich lebe nicht. Ich fliege zwischen zwei Ästen im Käfig hin und her, trinke ein Tröpfchen und esse, weil ich muss. Niemand kommt an meinem Käfig vorbei, niemand interessiert sich, wie es mir geht und niemand schaut mich an, keiner bewundert mich, keiner schenkt mir Aufmerksamkeit. So lebe ich seit Jahren in meinem Käfig. Ich will nicht wissen, wie lang ich dieses Leben noch friste. Mein Leben wird sich jetzt ändern! Ich werde Dinge nicht mehr tun, weil sie sich so gehören und weil alle es tun. Ich werde nur noch tun, was mich erfüllt und glücklich macht, um mir meine eigene Freiheit zu schaffen! Das habe ich gelernt!

(Für Dich, mein Freund in der Ferne, der Du diesen großen Platz in meinem Herzen einnimmst und in mir damit eine tiefe Sehnsucht auslöst.)

Erst die Freiheit ließ mich die Zeit in meinem Käfig als schlimm erachten. Erst durch sie veränderte sich meine Wahrnehmung. Doch das Bewusstsein kam allein von mir. Ich lernte durch meine Vernunft und durch den Abschied von der Freiheit, dass ich allein die Quelle meines Bewusstseins war und bin. Und dass ich allein mein Bewusstsein gestalten kann – wie ein Maler seine Leinwand. Mir wurde klar, dass ich einen Weg finden musste, um mein Inneres auf Lebensenergie und Genuss umzuprogrammieren. Und dies glückte nur dann, wenn ich meinen rationalen Anteilen genauso viel Wert gab wie den emotionalen Anteilen. Diese Anteile wurden in meinem nächsten Leben einer strengen Prüfung unterzogen.

Ich war eine Liebende, welche Leid erfuhr. So stark und prägend, dass ich mich nur noch von diesem Leid lösen konnte, um innerlich nicht zu sterben. So zu lieben wird nicht jedem geschenkt. Doch durch diese schmerzhafte Erfahrung erlernte ich, diese Verbindung loszulassen. Einst sagte der Hase: „Liebe tut weh", und daraufhin umarmte er den Igel. Das musste ich spüren, um loslassen zu können. Doch der Genuss des Lebens blieb mir weiterhin verwehrt und das Leid hielt Einzug. Die Angst übermannte mich und ich dachte, dass in diesem Leben Liebe immer nur mit Leid einhergehen würde. Und ein Gleichgewicht zwischen Herz und Verstand rückte in weite Ferne. Das **Loslassen** blieb.

Nachts

Heute Nacht war es wieder soweit: Ich habe dich wiedergesehen. In meinen Träumen. Ständig sehe ich dich. Du kletterst mit mir auf Berge, reparierst Dinge oder tankst mit mir an Tankstellen. Auch auf der Gartenschaukel bei strahlendem Sonnenschein saßen wir schon zusammen.

Doch es gab eine Zeit, in der ich dich nicht nur in meinen Träumen sah.

Wenn die Nacht Einzug hielt und unsere Sehnsucht uns übermannte, wenn unsere Angst zu gleichen Teilen mit unserer Sehnsucht konkurrierte und wir innerliche Diskussionen führten, während unsere Herzen nur eins wollten: das Gegenüber.

Wenn sich die schwarze Walze der Nacht über das abendliche Rot des Horizontes ausbreitete und wir immer nervöser und aufgeregter wurden. Wenn wir uns wie zwei Gegenpole anzogen. Wenn wir aufeinander zuliefen- gleichgültig, wie groß die Entfernung war- und uns tief im Inneren schon lang spüren konnten. Wenn uns die Musik durch Mark und Bein ging. Wenn der Magen rebellierte.

Nachts war unsere Zeit. Briefe, E-Mails und Nachrichten führten am Ende meist zu einem Treffen. Ein Treffen zwischen dir und mir. Ob akribisch geplant oder spontan. Das Herz stark schlagend, Kloß im Hals, weiche Beine und ein Kribbeln im ganzen Körper. Jede Nachricht, die wir uns zukommen ließen, steigerte die Spannung fast ins Unermessliche. Das alles waren ganz allein unsere Nächte. Jeder einzelne Stern am Himmel schien nur für uns. Der Mond war unser Wegbegleiter.

Wo ich auch wohnte, wenn ich mit meinem Kapuzenpulli in meine Lederjacke schlüpfte, die Cowboyboots anzog und die Tür hinter mir ins Schloss fiel. Wenn ich hinaustrat und die Nacht begrüßte, wenn ein Ende immer offenblieb. Wenn

ein kleines Briefkuvert in der Ecke meines Bildschirms auf-
leuchtete, wenn ich meinen Körper vorher in *Fuel for Life* ba-
dete. Wenn der Wind ging, der diese Spannung nur noch mehr
unterstrich, weil er unser Element ist. Immer dann war es al-
lein unsere Nacht.

Unsere Nacht, unser Lied, unser Schnaps, unser Lachen, un-
sere Sterne, unsere Zigaretten, unsere Nachrichten, alles gehörte
uns. Und in Gedanken werden sie uns immer miteinander ver-
binden, diese Nächte.

Nachts, zu Fuß
Erwartend, voller Vorfreude, Aufregung und Anziehung. Gleich-
gültig wie kalt, gleichgültig wie viel Schnee oder wie windig-
die Nacht gehörte allein uns.

Der Wind der Nacht wehte mir durch die Haare, meine Lun-
gen füllten sich mit der kühlen, nüchternen Luft und trotzdem
war ich wie betrunken, wie in Trance. Meine Cowboyboots
hinterließen Spuren im Schnee. Mein Telefon hielt ich fest in
der Hand für deine nächste Nachricht. Was in all diesen Näch-
ten passierte, das wussten wir immer vorher schon. Doch die
Aufregung sank nicht. Keine einzige Nacht war wie die andere
und jede übertraf die vorhergehende. Doch je schöner es wurde,
umso mehr steigerte sich unsere Angst. Unser Respekt vor dem
großen Ganzen wuchs. Die Aufregung war kaum auszuhalten.
Mein Magen, mein Körper, alles geriet aus der Bahn. Du warst
mein Kontrollverlust, meine größte Schwäche.

Der Wald näherte sich und ich wünschte mir immer, schon
weiter zu sein, als ich es war. Mein Telefon gab mir Licht, mei-
ne Schritte waren auf dem weichen Waldboden zu hören. Eine
Katze funkelte mir mit ihren gelben Augen aus den Büschen zu.
Zwischendurch verstohlene Blicke in jede dunkle Himmelsrich-
tung, flehende Gebete in Richtung Mond und sehnsüchtige Ge-
danken in Richtung meines Telefons. Jedes Mal, wenn ein Ton
erklang und das Display sich erhellte, bekam ich am ganzen Kör-
per Gänsehaut. Nach jeder Nachricht die stetig wachsende Ge-
wissheit: Es geht ihm wie mir.

Der Wald und der schlammig, weiche Boden lagen hinter mir. Von weitem konnte man die Straßenlaternen sehen. In Gedanken ging ich oft durch, wie viele Male ich diese Strecke als Kind gegangen war, um an den Badesee oder zu Freunden zu gelangen. Doch hätte ich damals schon gewusst, dass ich dich eines Tages treffen und wieder hier entlanglaufen würde, hätte ich das Älterwerden wohl kaum erwarten können.

Immer war ich innerlich unruhig. Jede Faser meines Körpers wollte in jeder dieser Nächte genau das. Jeder Zentimeter meiner Haut sprach zu mir. Ich erreichte die Straße und nun wurden meine Schritte schneller. Vorbei an all den Einfamilienhäusern, in denen nur noch vereinzelt Licht zu sehen war. Die Dunkelheit war mir lieber. Im Licht der Straßenlaternen fühlte ich mich wie auf einer Bühne, auf dem Präsentierteller meines Lebens und als ein Opfer meiner eigenen Gefühle. Keinen Ausweg kennend. Abhängig von diesem Gefühl der Lebendigkeit, welches mich in diesen Nächten begleitete wie der Mond. Fieber, glühende Wangen, Gänsehaut. Der eisige Wind fuhr mir in die Glieder. Er spiegelte wider, wie unberechenbar und gefährlich dieses Spiel war. Die Nacht war so dunkel, aber dennoch fühlte ich mich in ihr wohlbehütet, sie war wie eine alte Bekannte. Denn seit ich dir begegnet war, befand ich mich oft in solchen Situationen. Durch das Licht der vorbeifahrenden Autos, der Straßenlaternen und der Häuser fühlte ich mich ertappt. Sie erinnerten mich daran, dass ein neuer Morgen kommen wird. Wie gern hätte ich jedes Mal die Zeit angehalten.

Der Fußweg eisglatt, meine Schritte schnell und gezielt, die Blicke auf mein Telefon gerichtet. Die Vorfreude steigerte sich mehr und mehr. Ich bog ab auf die letzte beleuchtete Straße. Ich stieg über kleinere Schneehaufen, meine Hände, in denen ich mein Telefon hielt, waren schon fast blau. Mein Atem war zu sehen. Meine Augen funkelten im Sternenlicht, meine Sinne schärften sich zusehends. Ein Ast knackte unter meinen Cowboyboots. Ein Hund bellte in der Ferne, ein Moped ratterte. Der Bach plätscherte. Letzte Straße, eine Straßenlaterne flackerte über mir, als wollte sie mich warnen. Ich warf ihr Blicke zu, verstohlen und verschämt rechtfertigte ich mich gedanklich vor dieser Laterne, mit dem Satz: „Ich weiß, aber ich kann nicht anders!" Kurze Atempause, in der Jackentasche nach einer Zigarette kramen. Meine Finger waren eiskalt. Ein tiefer Zug an der Zigarette und ein Blick hinauf zu meinem Freund, dem Mond. Das Herz sprang mir trotz der Pause fast aus der Brust. Ein weiterer Ton meines Telefons, ein Blick darauf, gleich war es soweit. Du warst ganz nah. Meine Schritte wurden wieder schnell, vorbei an all den flackernden, warnenden und mich verspottenden Laternen. Vorbei an all den Einfamilienhäusern, in denen es warm war und die voller Liebe waren. Da, das Ende der Straße, das Ortsausgangsschild. Die letzte Laterne. Da kamst du um die Ecke. Da warst du, endlich. Nun konnte sie beginnen, unsere Nacht, allein unsere.

Alles schien still zu stehen. Deine blauen Augen leuchteten im Mondlicht, dein Atem so schwer wie meiner, deine Zigarette in der Kälte verglüht. Vor uns lagen nur noch eine unbeleuchtete Straße durch den Wald und ein Berg in Richtung Anhöhe. Doch gleichgültig wie dunkel, gleichgültig wie steil und gleichgültig wie kalt, von nun an war es unsere Nacht und alles andere spielte keine Rolle mehr. Der Gedanke, dass es so wenige Stunden bis zum Morgen waren, machte mich schwermütig. Umso mehr kostete ich jeden einzelnen Moment aus. Leise rieselten auf unserem gemeinsamen Weg Schneeflocken bedächtig zu Boden, jede einzelne nur für uns. Alles war wie verzaubert.

Nachts, unterwegs
Ich hatte erfahren, dass du an diesem Abend auch dabei sein wirst und alle wussten, worauf das hinausläuft, inklusive uns. Immer, wenn ich wusste, dass du dabei sein wirst, stieß ich erst später zu der Gruppe. Ich hätte es nicht ertragen, eine der Ersten zu sein und vor den Blicken aller anderen auf dich warten zu müssen. Ich hätte meine Aufregung kaum verbergen können, also blieb ich immer so lange wie möglich allein, war aufgeregt und kam erst, wenn alle da waren. „Möchtest Du was trinken?" „Ja gern." Musik, laute Gespräche, viele Stimmen durcheinan-

der, doch wenn wir uns im selben Raum befanden, war es in mir still. Solange du da warst, war ich auch ganz bei mir. Es gab so viel, mit dem ich innerlich zu kämpfen hatte, alles, was außerhalb geschah, ging an mir vorüber. Irgendwann brachen wir dann von unserem Treffpunkt alle gemeinsam auf, meistens hatten wir ein Ziel: Tanzen!

Leichtsinn kommt von Leichtigkeit. Wir haben uns leicht gefühlt, unbeschwert. Wild, frei, rebellisch, feierwütig. Enge Jeans, tiefe Ausschnitte, duftend nach *Fuel for Life* und Haarspray, munter und hellwach, wenn andere schliefen. Die Musik in jeder Ader, zuckend im Rhythmus, wippend im Takt. Die Augen riesengroß und glänzend im Stroboskoplicht. Unsere Körper erhitzt und verschwitzt. Bei jeder Drehung ließ ich meine Haare über meine Schultern schwingen. Dauerhaftes Lächeln auf den Lippen. Wieder ein Abend voller Spannung, Neugier, Spaß und Ausgelassenheit. „Ohne dich schlaf ich heut Nacht nicht ein, ohne dich fahr ich heut Nacht nicht Heim, ohne dich komm ich heut nicht zur Ruh. Das, was ich will, bist du." Dieses Lied erklingt auf der Tanzfläche und du singst es mir zusätzlich zärtlich in mein Ohr. „Danke, ich will ihn natürlich auch!", dachte ich mir immer.

Grinsen, Lachen, Zwinkern, verstohlene Blicke, ein paar Getränke, schüchternes Umfassen der Taille, Blitze voller Energie, die meinen Körper bei jeder kleinen Berührung durchströmten. Ich zehrte davon. Nebel auf der Tanzfläche, das Spiel mit den Eiswürfeln beginnt. Jagen, Necken, Zielen, die Eiswürfel schmelzen schnell auf der erhitzten Haut und in der heißen Luft der Diskothek. Meine Lippen berühren das Glas, du fixierst dich ganz auf sie, schaust zu, wie ich trinke und meine Zunge danach um meine Lippen herum leckt. Es macht dich wahnsinnig. Du kochst innerlich. Spiel, Satz und Sieg. Endlich gehört sie wieder uns allein, diese Nacht. Was ist das bloß jedes Mal für eine Eigendynamik, die da entsteht? Selbst wenn ich wollte, ich könnte nicht dagegen ankämpfen, keine Chance, hoffnungslos verfallen. Bei jedem Lied haben wir den Text auswendig im Kopf und er wird sich wohl für den Rest unseres Lebens eingeprägt haben. Kichern, ein paar Zigaretten, Gespräche, wieder verstohlene Blicke. Dieses Lied gehört mir. Mein Körper bewegt sich im Takt, weich und sanft. Ich schaue dich dabei an, die ganze Zeit, provokant. Frech von mir, denn es gibt dir den Rest. Dieses Spiel nimmt kein Ende. In langen Gängen verschwindest du und tauchst wieder auf, doch dabei spiele ich gerade Verstecken. Ein klein wenig Panik steigt in uns auf, wenn wir den Blickkontakt verlieren. Doch worin bestünde sonst die Herausforderung? Unser Ziel ist dasselbe. Also darf ein bisschen Spielen vorher schon erlaubt sein. Jedes blinkende, bunte Licht, jeder noch so schnelle Bass, alles allein für uns.

Wenn wir uns trafen, in irgendwelchen Bars, waren wir immer sehr nervös, ganz gleich ob das Treffen zufällig oder verabredet war. In der Öffentlichkeit stand etwas zwischen uns, was auch immer es war, es fühlte sich häufig wie der breiteste und tiefste Abgrund an. Nervosität und zugleich schüchterner Rückzug. Obwohl wir uns auch gleichzeitig immer innerlich nah waren, als ob wir tief in den anderen Blicken könnten. Die gleichen Gedanken, die identischen Worte, dieselben Gefühle, einerlei, ob Angst oder Zuneigung. Anziehen, Wegstoßen, Anziehen, Wegstoßen. Wir hatten dieses Spiel schon fast perfektioniert. Doch je mehr wir versuchten, uns zu widersetzen oder uns zu verschließen, umso mehr spielten wir verrückt. Verstohlene Blicke, Wortverlust und sogar umgestoßene Getränke gab es bei uns nicht selten. Egal wo wir aufeinandertrafen, wir wussten, was daraus wieder und wieder entstehen würde. Doch trotzdem überraschte uns das Feuer, das wir dabei hinterließen. Alle Sinne geschärft, unsere Nasen rochen *Fuel for Life*, unsere Ohren hörten „Zombie", unsere Zunge schmeckte Pfefferminz und unsere Augen sahen in ein Spiegelbild des eigenen Ichs.

Nachts, ankommen
Wir steigen verschwitzt und halb nüchtern durch die Kälte der Nacht in das Auto. Zusammengequetscht auf der Rücksitzbank. Meine Wangen noch errötet vom endlosen Tanzen, meine Haare gewellt von der hohen Luftfeuchtigkeit. Drei Uhr, Schwer-

mut, nur noch so wenig Zeit, bis auch diese Nacht wieder zu Ende gehen wird.

Mein Blick auf das Telefon verrät mir, an welcher Adresse ich aus dem Auto steigen muss. Deine Hand sucht auf der dunklen Rücksitzbank nach meiner, nur ganz leicht. Kein festes Drücken, nur eine zarte Berührung, ein Kontakt, nur kurz geben wir der Sehnsucht nach. Keiner im Auto merkt etwas davon. Doch diese Kraft, die wir zusammen ausstrahlen, ist allgegenwärtig und beeindruckt alle. Keiner, der uns gesehen hätte, hätte sich je getraut, ein Wort darüber zu verlieren. Dafür war unsere Verbindung einfach schon immer zu stark. Wir haben damit nicht nur uns erstaunt, sondern auch alle um uns herum. Die Autofahrt, diese Spannung, das Leuchten meines Displays. Hör auf damit, mich noch nervöser zu machen. In Kurven, die das Auto fährt, bin ich stocksteif, angespannter Körper, ja nicht fallen lassen, ja nicht mehr berühren als nur die Hand, Spannung beibehalten, das macht es interessanter. „Du riechst gut", lese ich auf meinem Display und denke mir „Du auch!". Kurzes Checken im Rückspiegel, die Frisur- zerzaust, aber gut, Make-up- sieht noch gut aus, Augen- hellwach. Das Auto bleibt stehen. Tür auf, gute Nacht, war schön, „tschau" und bis zum nächsten Mal. Die Tür schlägt zu und das Auto fährt um die Ecke, die Scheinwerfer verschwinden. Die Straße ist wieder dunkel. Die Kirchturmglocke schlägt, halb vier Uhr morgens. Wir stehen zusammen vor deiner Haustür und du tastest aufgeregt nach dem Schlüssel, ich zittere mehr vor Aufregung als vor Kälte. Nun beginnt sie wieder, unsere Zeit. Unsere Nacht.

Nachts, zu dir oder zu mir?

Unter einer wärmenden Decke auf dem Sofa, das Flackern der Bioethanol-Flammen, das dämmernde Licht im Zimmer. Die leise Musik. Oder aber auch auf dem Fensterstock sitzend mit Zigarette in der einen und einem Glas in der anderen Hand, die Nachtluft tief einatmend und den Himmel bestaunend. Oder aber gerade nach Hause kommend, erst einmal Sachen ablegen. Den Eingangsbereich der Wohnung in Licht tauchen, die Wärme spüren. Ich habe es immer gemerkt, unerheblich, was ich tat. Ich spürte es jedes einzelne Mal vorher. Die Sehnsucht war kaum auszuhalten, ich rief dich innerlich und du riefst mich. Dieses Gefühl, welches durch den Körper zog. Schon fast unheimlich. Vorahnungen, wenn man so will. Und sie haben mich noch nie getäuscht.

„Sehen wir uns?" Und ob! „Was machst du gerade?" Ja, das wolltest du oft wissen. „Ich wäre gern bei dir", oder „ich hätte dich heute gern bei mir". Keine Chance, daran etwas zu ändern! „Nein, ich kann nicht", und doch konnte ich immer. Ein Nein war für mich ausgeschlossen. Ich hätte immer alles stehen und liegen lassen. Der Ton erklingt erneut, das kleine Kuvert leuchtet auf. Ich kann nicht beschreiben, wie mein Körper verrücktspielte. Zittern der Hände, weiche Beine, der Magen drehte sich mir fast um. Erst einmal schnell etwas trinken, damit der Kreislauf stabil bleibt. Was hast du da nur jedes Mal mit mir getan? Ob es dir bewusst war, was du angestellt hast? Ob es dir ähnlich erging? Dieses Gefühl, dieser Zustand, er war so befremdlich, er machte mir große Angst. Und doch, niemals hätte ich dazu Nein sagen können.

Du haust mich jedes Mal aufs Neue um, stellst alles auf den Kopf, was ich mir aufgebaut hatte. Ich bin auch nur ein Mensch, der versucht weiterzumachen, voranzukommen, Perspektiven zu schaffen. Irgendwie durchs Leben zu kommen, ohne Reue. Es schüttelt mich, ich habe überall Gänsehaut. Mein Körper ist wieder so eiskalt. Mein Magen tut mir weh. Das kommt häufig vor, wenn es um dich geht. Ich kenne das alles schon und doch ist es mir jedes Mal neu und unheimlich. Neue Nachrichten, aktualisieren. Da ist wieder der kleine Brief. „Wann kannst du hier sein?" „Wann kann ich da sein?" oder „Ich habe letzte Nacht von dir geträumt, seitdem will ich dich heute wiedersehen, schnell, bald, jetzt!" Ich bin bereit für dich! Schnell ins Badezimmer, schnell an den Kleiderschrank. Noch schneller meine sieben Sachen in die Tasche gepackt. Cowboyboots, Lederjacke, *Fuel for Life*, die Tür fällt ins Schloss. Auto, Schlüssel dreht sich, Zündung, noch schnell an der Tankstelle unser Getränk des Abends kaufen und

ein paar Zigaretten. „Ich bin gleich da. Ich freue mich auf dich."
Das Herz rast wie verrückt, gehört es überhaupt noch zu mir?
Wer bin ich? Was tue ich hier wieder? Ein Uhr nachts, sie ge-
hört wieder uns, die Nacht. Alle Sterne kennen uns bereits und
wissen, was passieren wird.

Auch wenn du bei mir vorbei kamst, glichen die Abfolgen ei-
nander. Schnell ins Bad, schnell an den Kleiderschrank, schnell
noch etwas aufräumen, „Oh Gott, ich brauche eine Zigarette, ich
breche gleich zusammen." Wann fährt sein Auto vor? Wann er-
tönt die Türklingel? *Fuel for Life*, Blick in den Spiegel. Ich freue
mich so, doch morgen früh ist wieder alles vorbei.

Ob du mich eingeladen hast oder ich dich, egal wo, solange
wir zusammen waren, fühlten wir uns wohl – nachts.

Der Tag ist uns zu nüchtern, zu vernünftig, er passt nicht zu
uns, nicht zu unserer Verbindung. Auch wenn ich es mir ab und
an gewünscht hätte. Es war wieder allein unsere Nacht, jedes
Mal. Wenn einer von uns beiden dem anderen die Tür öffnete,
waren wir angekommen und die wenigen Stunden, die uns bis
zum Sonnenaufgang noch blieben, begannen.

Nachts, allein in Gedanken
Ob ich durch den tiefen Schnee in sternenklaren Nächten auf
dich zulief oder hinter dem Lenkrad meines Autos saß. Mein Kopf
war ausgeschaltet, ich tat alles wie ferngesteuert und meine Beine
wurden butterweich. Du warst mein nicht enden wollender Ge-
danke. Was haben wir uns da über all die Jahre nur für wahnsin-
nige Erinnerungen geschaffen? Sie setzen uns auch heute noch
schachmatt. Lassen uns heute noch nervös werden. Haben wir
uns auf ein Podest gestellt? Wäre es heute anders? All die Sterne
könnten diese Geschichte wohl genauso erzählen, diese unend-
liche Geschichte, die sie über all die Jahre von ihrem Himmels-
zelt aus beobachten konnten.

Eins hatte jede Nacht mit der anderen gemeinsam: Alle en-
deten. Am Morgen fand ich mich ängstlich, traurig und verlo-
ren wieder. Wie viele Sonnenaufgänge habe ich mir auf meinen
Heimwegen allein angesehen, wie oft den Postboten gegrüßt.

Die Fahrerin des Speditionsautos, die die Zeitungen brachte, sah mich häufig durch die morgendliche Stille nach Hause irren. Schon fast peinlich waren mir diese Begegnungen mit der Zeitungsfrau. Was wird sie wohl über mich gedacht haben? Ich kam mir ertappt vor. Wie ein Kind, das den Kuchen gegessen hat, obwohl es das hätte nicht tun dürfen. Doch ich hatte es getan. Immer wieder aufs Neue. Ohne zu zögern. Ich und du haben diese Nächte verbracht und das ist kein Traum, sondern eine Tatsache! Was ist das mit dieser Eigendynamik? Was lässt uns immer wieder aufeinander zugehen? Was ist es, dass uns nicht voneinander loskommen lässt und uns gleichzeitig voneinander entfernt?

Es liegt so lange zurück. Ein halbes Leben. Ich verzeihe dir diese Zeit und ich hoffe, du verzeihst mir, dass ich weitergehen und nach vorne schauen muss. All diese Nächte, ich werde sie nicht vergessen und du auch nicht, das ist sicher. Aber solange wir sie nicht endlich hinter uns lassen, werden wir weder getrennt noch gemeinsam jemals glücklich werden. Immer, wenn ich an dich denke, immer, wenn ich dich für einen kurzen Moment wieder auf dieses Podest stelle, um mich dann selbst wieder maßzuregeln, immer, wenn dieses Gänsehautgefühl mich wieder durchdringt, immer dann ist es nachts.

Doch der Tag ist mir nun wichtiger geworden.

Nach diesem Leben wachte ich als Gottheit auf. Doch ich hatte nicht viel zu sagen. Wurde nicht gebraucht. Das ärgerte mich und ich spielte mich auf. Beweisen wollte ich allen, dass ich zu Höherem fähig bin, doch mit all dem vorhergehenden Leid konnte dies gar nicht funktionieren. Ich übernahm mich und schätze alles falsch ein. Verlor auch noch das letzte bisschen Selbst. Und zerstörte eine Ehe. Oder auch zwei Menschen durch mein Handeln. Ich lernte wieder auf schmerzlichste Art und Weise, dass ich **nachgeben** muss und nichts erzwingen kann. Dies war wohl eine Lernaufgabe, die mir zum endgültigen Loslassen noch fehlte. Ich wollte meinen Willen durchsetzen und deshalb blieb mir auch in diesem Leben der Genuss versagt.

Göttin Lila

Der kleinen Göttin Lila war langweilig. Den ganzen Tag hatte sie auf den Wolken geschaukelt und die Menschen beobachtet. Hier und da war sie einmal eingeschlafen, am Nachmittag schob sie ein paar Gewitterwolken weg. Der Tag wollte nicht vergehen. Sie brauchte eine Aufgabe, dachte sie sich. Sie wollte spielen, aber die anderen Götter hatten zu viel zu tun, um sich mit ihr zu beschäftigen. Der eine mit dem Wetter, der andere mit den Liebenden, der nächste mit dem Meer. Sie hatten heute einfach alle keine Zeit für sie. „Nun gut", dachte sie sich, „wenn die anderen so beschäftigt sind, suche ich mir eben auch eine spaßige Beschäftigung, die mir jeden Tag eine Aufgabe geben wird, um der Langeweile zu entkommen."

Sie schob ein paar schneeweiße Wölkchen zur Seite und blickte auf die Erde. Sie drehte die Erde wie eine Kristallkugel, hielt sich die Augen zu und tippte blindlings auf ein Land, eine Stadt, einen Ort. „Okay, schauen wir uns einmal an, welche Menschen dort wohnen. Auf was genau habe ich Lust, verzweifelt und unausgeglichen? Oder lieber lebensfroh und selbstbewusst? Welche Seelen fühlen sich gerade allein? Welche Menschen finden sich denn gerade anziehend?" Ah, da entdeckte sie zwei. Sie, die Frau, schwärmte und träumte, und er, der Mann, plusterte sich auf, um zu beeindrucken! „Die nehme ich!", dachte sie, fest entschlossen, den beiden helfen zu wollen.

Das sah der Gott der Liebe und sprach warnend zu Lila: „Um eine Auswahl eines zukünftigen Menschenpaares zu treffen, muss man viel beachten! Nur weil zwei sich gefallen, heißt das noch lange nicht, dass sie zusammenpassen- oder gehören! Ich habe eine jahrelange Ausbildung absolvieren müssen und weiß genau, auf welche Aspekte, Gemeinsamkeiten, Unterschiede und Charaktere ich zu achten habe, aber du nimmst dir hier eine Aufgabe vor, die du nicht bewältigen kannst!" „Pah!", dachte Lila sich, „was weiß der schon, immer werde ich unterschätzt." Sie winkte ab. „Ich mache das schon, du wirst sehen! Die anderen Götter werden staunen, wenn auch ich einmal keine Zeit mehr für sie haben werde!" Also erhob sie die Hände, und unten auf der Erde gab die Frau dem Mann eine Chance, indem sie ihm ihre Telefonnummer zukommen ließ. Von nun an schaute Lila gespannt zu. Die zwei schrieben ein paar Tage lang Nachrichten mit ihren Handys und trafen sich letztendlich. Lila merkte, dass die Frau noch Zweifel hatte, der Mann könne sie verletzten, aber nach zwei Wochen hob sie erneut die Hände und sprach: „Schenk der Frau Vertrauen!" Und sie sah, wie die Frau sich dem Mann gegenüber viel mehr öffnete. Mehr Vertrauen führte auch zu mehr Treffen zwischen den beiden, die Neugier aufeinander wuchs und sie hielten tags wie nachts Kontakt zueinander und trafen sich weiterhin. Das alles war Lila zu langweilig geworden. „Warum geht das nicht voran?", fragte sie sich und hob in demselben Augenblick die Hände: „Verliebt euch endlich!", sprach sie. Da warnte wieder der Gott der Liebe: „Lila, Liebe ist etwas, das erst wachsen muss, etwas, das Zeit braucht. Liebe ist eine empfindliche Pflanze, die viel Pflege benötigt. Du kannst das nicht einfach so von selbst in die Hand nehmen, das wird schief gehen!" Aber Lila dachte sich, dass es bisher doch ganz gut läuft. Die Frau und der Mann verliebten sich. Lila beobachtete voller Entzücken ihren ersten Kuss und ihre ersten vorsichtigen und zärtlichen Berührungen. „Großartig!", dachte sie sich. Sie war mächtig stolz auf sich. Nun ging es wieder vergnügt an das Beobachten der beiden, denn es war wieder spannend.

Nach vier Wochen wurde Lila wieder langweilig. Die beiden sind sich noch nicht weiter nähergekommen, bisher gab es nur verstohlene Küsse. Die Frau meinte, sie bräuchte Zeit, was Lila nicht passte. Sie hob die Hände und rief „Kommt euch näher! Liebt euch!" Und die zwei begannen sich zu lieben. Lila klatschte in die Hände. Sie freute sich für die beiden und dass sie es war, die das geschaffen hatte! Der Gott der Liebe schüttelte nur den Kopf: „Lila, du kannst Zweifel nicht einfach mit göttlicher Kraft beseitigen. Die Menschen müssen ihre Zweifel von allein besiegen und hinter sich lassen!" Doch Lila hörte schon lange nicht mehr zu. Nun war die Langeweile wieder verschwunden und sie beobachtete dieses spannende Liebesabenteuer ein paar Monate lang, bis auch dann wieder alles zu eintönig für sie wurde und sie die Hände hob: „Zieht zusammen!", sprach sie. „Lila! Beim Herrn im Himmel! Du kannst das doch nicht tatsächlich so derartig überstürzen! Siehst du nicht, dass die beiden noch nicht so weit sind? Vielleicht mögen sie gerade Feuer und Flamme für einander sein und können sich kaum voneinander abwenden, aber für die Gründung eines gemeinsamen Haushalts ist es für die beiden nicht der richtige Zeitpunkt!"

Lila sah sich an, wie die beiden strahlten und wie ihre Augen leuchteten. Sie verstand beim besten Willen nicht, warum man sie schon wieder ermahnte. Die beiden zogen zusammen und begannen ein gemeinsames Leben. Lila amüsierte sich prächtig.

„Lila, kommst du mit? Wir wollen auf der Milchstraße mit Strohhalmen spielen", sgte ein kleiner, roter Gott der Sterne. „Nein, keine Zeit mehr!", meinte Lila: „Ich habe viel zu tun, Wenn du größer bist und dir auch eine wichtige Aufgabe bevorsteht, wirst du das schon noch verstehen!", meinte Lila arrogant und tätschelte dem kleinen, roten Gott der Sterne das Köpfchen. Der verschwand schnell und verwirrt hinter ein paar Flugzeugen. Lila war süchtig nach ihrem Menschenpaar geworden, es zog sie in seinem Bann.

In den folgenden Monaten hob Lila noch mehrfach die Hände: „Streitet!", „Lerne ihre Eltern kennen!", „Lerne seine Freunde kennen!", „Liebt euch!", „Weint!" Immer wenn es ihr zu langweilig wurde, gingen ihre Hände zum Dach der Welt und sie beschwor Gefühle und Situationen herbei, in welche die beiden Menschen gewürfelt wurden, Lila war sehr beschäftigt. Immer wieder kam der Liebesgott und sprach mahnend: „Du wirst schon noch sehen, was du davon hast, dir fehlt es an Geduld!" Doch Lila war das einerlei.

Der Gott des Wetters schickte viel Regen, Blitze und Donner auf die Erde, als er von Lila hörte, weil er sich so über sie ärgerte. Nach ein paar Wochen dachte sich Lila: „Ob ich es wohl wagen kann, die beiden ein Kind bekommen zu lassen?" Und bevor sie alles vernünftig überdachte, machte sie es wie immer und hob ihre Hände in Richtung Himmel. Der Gott der Liebe war es müde geworden, Lila zu tadeln und hielt sich nur noch die Hände vors Gesicht. „Werde schwanger!", befahl Lila. Es war schon gesagt, da mischte sich die Fruchtbarkeitsgöttin ein: „Lila, was ist nur los mit dir? Siehst du nicht, dass die Frau für so etwas nicht bereit ist? Bist du eigentlich verrückt geworden? Die arme Frau wird nun viel ausstehen müssen wegen dir! Dir fehlt eine jahrelange Ausbildung, um ein Gespür dafür zu entwickeln, wen du mit der Fruchtbarkeit segnen darfst und wen nicht!" Lila war eingeschnappt. Traute ihr denn hier gar niemand etwas zu? Voller Spannung beobachtete sie, wie die nächsten Wochen vergingen und die Frau anfing, bestimmte Anzeichen zu bemerken. Wie sie drei Tests machte, weil sie es nicht glauben konnte und wie sie im Badezimmer in Tränen ausbrach. Wie sie es ihrem Partner beibrachte und wie beide sich zwar nur langsam, aber dafür liebevoll an den Gedanken des Nachwuchses gewöhnten.

Doch der Frau ging es zusehends schlechter, sie vergoss viele Tränen und war depressiv. Da konnte Lila so oft wie möglich die Hände heben und rufen: „Sei endlich glücklich!" Ihre Beschwörungen brachten dabei nichts, sie verzweifelte und konnte nicht tun außer zu beobachten. Die Frau verlor das Kind in den nächsten Wochen und über das Paar brach eine dunkle Wolke voller Trauer, Wut und Unverständnis herein.

„Ich habe dir ja gesagt, dass weder die Frau noch die Liebe der beiden schon reif genug für deinen Plan ist, aber du wolltest nicht hören, Lila! Nicht einmal ein ganzes Jahr kennen sich die beiden und du lässt sie es so überstürzen, anstatt ihnen endlich einmal ihre eigene Geschwindigkeit zu überlassen!", sprach die Göttin der Fruchtbarkeit! „Sieh dir an welches Leid du über diese armen zwei Menschen gebracht hast! Sie müssen als Paar noch so viel wachsen, um überhaupt so weit zu sein, dass sie ein Kind bekommen können." Lila war todtraurig. Sie beschloss, das wieder gutzumachen. Sie beschwor für die nächsten Wochen eine große Nähe und Zärtlichkeit sowie viel Verständnis der beiden füreinander herbei. Und sie konnte zwar nur schleppend beobachten, wie sich beide von dieser Tragödie erholten, doch sie war beruhigt, dass sich zwischen dem Paar alles wieder gut zu entwickeln schien!

Gleich war sie wieder voller Eifer und Hochmut, da das von ihr geschaffene Paar diese Hürde überwunden hatte und glücklich schien. Nun ließ sie es ein kleines bisschen langsamer angehen mit ihnen. Hier und da provozierte und beschwor sie Streitigkeiten herbei und hier und da schickte sie Liebe und Zärtlichkeit zu den beiden herunter. Als es Lila wieder zu langweilig wurde, ließ sie die beiden in eine größere gemeinsame Wohnung ziehen, ohne vorher die Umstände und das Gefühlsleben des Paares erforscht zu haben. Und die anderen Götter schüttelten wieder nur noch den Kopf! „Lila, wo ist nur dein Gefühl geblieben und dein Gespür?" Doch Lila war trotzig. Die Frau wurde ganz von selbst wieder schwanger. Lila war überglücklich und glühte. Sie badete in diesem Erfolg! „Lila, nur weil sie diese schwere Zeit durchgestanden haben und deswegen jetzt gereift und für Nachwuchs empfänglich sind, heißt das nicht, dass dies der richtige Weg für die beiden ist!", warnten die Götter sie wieder. „Sieh, was für Sorgen du ihnen erneut bereitest!", sagte der Gott der Liebe und zeigte auf die Erde hinunter, Lila beobachtete und sah die beiden voller Bedenken an. Den Mann quälten Existenzängste, er war in seinem Nestbautrieb so gefangen wie nie zuvor. Eine neue größere Wohnung bedeutete mehr Geld, das man zahlen muss, und nun war auch noch ein Kind unterwegs. Schweren Herzens verkaufte der Mann sein Auto und war lange Zeit kein guter Gefährte für die Frau. „Sieh mal, der Mann war einfach noch nicht bereit für all diese Schritte, die du den beiden aufgezwungen hast, Lila, er wird zusehends unzufriedener und wieder leiden die beiden wegen dir! Ich werde dir nur mit einem kurzen Wimpernschlag helfen, aber auch nur, weil sich die beiden diesen Nachwuchs verdient haben und zusammengewachsen sind! Das heißt nicht, dass ich befürworte, was für schändliche Spielchen du hier treibst!", meinte die Göttin der

Fruchtbarkeit. Kurz tuschelte sie mit dem Gott der Liebe, der dies absegnete und sie beratschlagten sich noch mit dem Gott des Wachstums und dem Gott der Gesundheit. Die Frau bekam ein gesundes Kind und konnte die Zeit der Schwangerschaft ohne größere Probleme verbringen.

Lila hatte ein schlechtes Gewissen und wollte sich absichern, dass die beiden sich nicht trennen, also ließ sie sie noch während der Schwangerschaft den Bund der Ehe eingehen. Nun waren sie offiziell und vor dem Gesetz, das auf der Erde herrschte, Mann und Frau. Nun hatte Lila es geschafft, eine intakte Familie herzustellen und war hellauf begeistert von ihrem Tun.

Das Paar bekam einen kleinen Jungen. Doch dies brachte neue Unruhen in eine noch so junge Verbindung zweier Menschen. Die Zeit war schwierig, das Kind war unruhig und Gespräche sowie Schlaf waren Luxus. Lila wollte der Ehe frischen Wind einhauchen und beschloss, den Nestbautrieb des Mannes zu fördern. Die Hände hoben sich erneut gen Himmel: „Kauft ein Haus!", beschloss sie. Da mischte sich der Gott der Vernunft ein. „Lila, lass die zwei armen Seelen doch erst einmal zur Ruhe kommen, bevor du schon wieder Brennstoff in dieses lodernde Feuer schüttest! Wenn du so weiter machst, wirst du es bald nicht mehr beherrschen!" Doch Lila wurde immer eigenwilliger und sprach zu den Göttern:„Ihr alle Götter, die Ihr seid und wart, macht es doch auch an keinem Tag anders, und auch Ihr bringt Unheil über diese Menschheit!" „Lila!", sprach da der oberste Gott der Weisheit: „Wir alle hier stehen in ständiger Absprache miteinander, um auf diesem chaotischen Planeten ein gewisses Gleichgewicht einhalten zu können, jedes Tun von unserer Seite wird vorher unter mehreren besprochen und abgewogen und auch wenn manches nicht ganz gerecht erscheint, sind wir häufig zu Handlungen gezwungen, um alles wieder auspendeln zu können, denn wenn wir das nicht ordentlich täten, wäre dieser Planet entweder nur noch voller Leid oder schon längst menschenleer. Wir beobachten und lassen vieles sich selbst entwickeln, greifen nur ein, wenn es die Umstände erfordern und planen unser Eingreifen vorher akribisch. Das, was du hier treibst, ist ein

Puppenspiel mit zwei Lebewesen, die dies nicht verdienen, und denen du damit in ihr eigentliches Schicksal eingreifst!" Einer der anderen Götter sagte noch: „Musst du denn wirklich diese Lektion erst auf Kosten von zwei Menschenleben lernen, Lila?" Die Götter schüttelten den Kopf und entfernten sich von Lila. Im Himmel hatte sich schon unter fast allen herumgesprochen, welches Spiel sie trieb und keiner befürwortete dies. Niemand wollte sich dieses Elend, das Lila dort schuf, mehr ansehen. Sie waren ihrer Belehrungen müde geworden.

„Auch gut", dachte sich Lila, „dann habe ich wenigstens meine Ruhe. Die werden schon noch sehen, dass ich alles bestens im Griff habe." Lilas Menschenpaar entwickelte jedoch schnell eine gewisse Eigendynamik, welche Lila ihre Kräfte entzog. Sie beschwor herbei und schickte eine Menge Befehle, doch meistens waren sie nur noch umsonst. Das Paar kaufte das Haus, das Paar zog ein, das Paar zog in seinem neuen Heim seinen Sohn groß, sie lachten und verlebten Momente der schönsten Erinnerungen, aber sie stritten auch und tauschten kaum noch Zärtlichkeiten aus. Die Zeiten für dieses Menschenpaar waren von Unzufriedenheit, Angst, Selbstsucht, und Wut geprägt. Lila war verzweifelt und von diesen beiden Menschen und ihrem Kind wie besessen. Sie konnte keinen der Götter mehr um Hilfe bitten, da diese ihr eine Lehre erteilten und jeden Rat verweigerten. Lila konnte also nur noch zusehen. Zusehen, wie alles nach und nach zu bröckeln anfing.

Wie die Frau mehr und mehr Tränen vergoss, wie der Mann sich gänzlich zurückzog und wie die beiden ihren Alltag fristeten. Der kleine Sohn war sehr klug und offenherzig er schenkte seinen Eltern ab und an noch einen Funken Hoffnung, als Familie weitermachen zu können. Doch diesen Sohn, der alles noch zusammenhielt, hatten ja die anderen Götter in Zusammenarbeit geschaffen. Er war nicht einmal Lilas eigener Verdienst. Lila versank in diesem Werk, das sie geschaffen hatte, sie verlor jeglichen Mut und wurde unsicherer und unsicherer, jedes Mal, wenn etwas schief ging, versetzte es ihr einen Stich. Sie sah, wie diese Menschen, die sie dazu gezwungen hatte, sich zu verlieben, zusammenzuziehen, ein Kind zu bekommen, zu heiraten und ein Haus zu kaufen, sich in ihren Aufgaben des Lebens verloren und sich weiter und weiter voneinander entfernten und unglücklicher wurden. Dies beobachtete Lila voller Frust und Trauer drei lange Jahre, bis sich die Eheleute letztendlich trennten und jeder seinen eigenen Weg ging, was wiederum das Leid auf den armen kleinen Jüngling übertrug, der nun nicht mehr beide Eltern an seiner Seite hatte und ein intaktes Familienleben entbehren musste.

Lila weinte so sehr, dass der Gott des Wetters schnell die Sonne schickte, um alles wieder zu trocknen. Die Götter kamen zu Lila, um ihr beizustehen und sich sicher zu sein, dass sie ihre Lektion nun endlich gelernt hatte. „Warum? Warum habt Ihr mir nicht geholfen?", schluchzte Lila verzweifelt und wütend. „Oh Lila, wie oft haben wir das versucht, aber du wolltest nicht hören!"

„Was habe ich denn so falsch gemacht, dass es so enden muss?", fragte sie.

„Zunächst einmal waren ihre Seelen von Anfang an nicht füreinander bestimmt, sondern im Plan des Lebens schon seit ihrer Geburt eigentlich ganz anderen Menschen versprochen", sagte der Gott der Seelen. „Außerdem hast du mit deiner Ungeduld der Liebe nie Zeit zum Wachsen gegeben und hast nicht auf ihre Wünsche und Bedürfnisse Rücksicht genommen, konntest nie genug bekommen und hast den Zeitpunkt verpasst, an dem sich diese zwei Menschen schon wieder hätten trennen müssen, um ihr eigentliches Glück zu finden!", sprach der Gott der Liebe. „Des Weiteren wurde deine Unruhe so groß, dass du sie ein Kind bekommen lassen hast, obwohl diese Aufgabe die beiden von Anfang an überfordert hat. Außerdem hast du durch dein Verhalten die erste Schwangerschaft heraufbeschworen und dadurch viel Leid über diese zerbrechliche Liebe gebracht, die keine so derart zarte Pflanze sehr lang aushält!", sprach die Göttin der Fruchtbarkeit.

„Wieso habt ihr nicht eher eingegriffen und mir geholfen?", fragte Lila unter Tränen, „Lila, du hast unvernünftig und naiv gehandelt und hättest dir zu keinem Zeitpunkt helfen lassen. Davon abgesehen greifen wir nur ein, wenn es erforderlich ist und diese zwei Menschen haben sich nach einem langen Leidensweg für die Trennung entschieden, das ist vollkommen richtig. Beide Seelen können nun wieder heilen und ihre eigentliche Erfüllung suchen. Somit ist das Gleichgewicht wiederhergestellt und allein das ist unsere Aufgabe!", sprach der Gott der Weisheit.

„Sie tun mir so leid, es geht ihnen wegen mir so schlecht. Kann ich denn gar nichts tun?"

„Sie in Ruhe lassen, sie werden ihren Weg gehen! Darauf müssen wir wieder und wieder vertrauen. Die beiden teilen jetzt viele Erinnerungen miteinander und haben viel zusammen geschafft. Das lässt sie wachsen. Sie wissen genau, dass das, was sie innerhalb so weniger Jahre geschafft haben, etwas Großes ist, für das andere Paare sich ein ganzes Leben lang Zeit nehmen. Und bald werden sie gelernt haben, dass es keine Schande ist, wenn man allein glücklicher ist als zu zweit", sprachen die Götter.

Da ich es anscheinend einfach nicht lernen wollte, endete ich erneut als Liebende, welche schmerzliche Erfahrungen machen musste. Als Göttin hatte ich mich nur übernommen, nun wollte ich es anders versuchen. Ich zog mich immer mehr zurück und ließ die Dinge geschehen und alles über mich ergehen. Doch dadurch wurde nichts besser, sondern mein Leid noch größer. Ich musste lernen, die Dinge mit anderen Augen zu sehen und sehen zu können, was mit mir geschah wenn ich unvernünftig bleiben würde. Ich lernte, in diesem Leben meinen Blick nicht von Liebe blenden zu lassen und die Dinge nüchtern zu betrachten. Ich sah darauf zurück, was selbst aufopfernde Liebe aus mir geformt hatte. Ich musste mir selbst wieder wichtiger werden. Ich musste **umdenken,** anstatt mich für andere aufzugeben und im Leid zu versinken. Es öffnete mir die Augen. Aber meine Verletzungen saßen so tief, dass ich zu keiner Sekunde Genuss fand.

Feuer und Benzin

Wir sind wie Feuer und Wasser, doch meistens wurde aus Wasser Benzin, welches unser Feuer unkontrollierbar machte.

Wir sind wie Erde und Luft, doch von Geburt an wurde uns nur ein und dasselbe Element in die Wiege gelegt.

Wir sind wie rechts und links, doch meistens zogst du mich nur auf deine Seite.

Wir sind wie oben und unten, doch immer, wenn du verschwunden bist, sank ich allein nach unten zu Boden.

Wir sind wie Mond und Sonne, doch haben wir zusammen meistens nur den Mond gesehen.

Wir sind wie heiß und kalt, aber du kommst nur zu mir, wenn dein Herz kalt wird.

Wir sind wie Sommer und Winter, aber einen gemeinsamen Sommer hatten wir nie.

Wir sind wie Schwarz und Weiß, aber schwarzgesehen habe am Ende immer nur ich.

Wir sind wie hell und dunkel, aber immer, wenn es hell wurde, hast du mich verlassen.

Wir sind wie Tag und Nacht, doch ich litt jeden Tag und jede Nacht allein.

Wir sind wie Kopf und Herz und haben beide von einem Teil zu wenig in uns.

Wir sind wie getrennt und zusammen, getrennt schlecht und zusammen wahnsinnig gut.

Wir sind wie Freude und Leid, aber freuen konntest immer nur du dich.

Wir sind wie Jung und Alt, so alt ist unsere Geschichte und doch sind alle Gefühle immer wieder aufs Neue so jung und zerbrechlich.

Wir sind wie ängstlich und mutig, mutig für den Moment, aber so ängstlich, dass wir voreinander fliehen.

Wir sind wie Gut und Böse, weil wir immer ein böses Ende erlebten, nachdem wir so eine gute Zeit verbrachten.

Wir sind wie nah und fern, doch wir erleben immer beides gleichzeitig.

Wir sind wie Frage und Antwort, doch Antworten gaben wir uns erst nach vielen Jahren.

Wir sind gefangen und frei, frei zusammen und gefangen in uns.

Wie Gehen und Stehen, doch wir kamen nie voran.

Geschlossen und offen, wenn man von unseren Herzen ausgeht.

Wir sind wie Gruß und Abschied, wobei mir meistens mehr der Abschied im Gedächtnis blieb.

Wir sind wie Hand und Fuß, doch unsere Koordination war immer umstritten.

Wir sind wie Himmel und Erde, was geschah, war himmlisch, doch umso härter schlugen wir auf der Erde auf.

Wie hungrig und satt, doch der Appetit war größer als der eigentliche Hunger.

Wie Lüge und Wahrheit, doch die Wahrheit kam nur sehr langsam ans Licht.

Wie Lachen und Weinen, und so sehr ich auch mit dir lachen konnte, die Zeit, in der ich weinte, überwiegt bis heute.

Wie lang und kurz, kurz die Zeit zusammen und lang die Zeit ohne Kontakt.

Wie leer und voll, immer wenn du dich innerlich leer fühltest, habe ich dich mit Gefühlen und Leben gefüllt.

Wie Liebe und Hass, aber Hass empfinden wir nur gegenüber unserem eigenen Leben.

Wie Mut und Angst, aber mutig sind wir erst viel zu spät geworden.

Wie Pech und Glück, es war Glück, dir begegnet zu sein, aber Pech, dass es der falsche Zeitpunkt war.

Wie richtig und falsch, doch für mich fühlte sich für den Augenblick immer alles richtig an.

Schnell und langsam, ich zu schnell in meinen Worten und Gefühlen, und du zu langsam in deinen Gedanken und Emotionen.

Laut und leise, aber häufig so leise, dass niemand etwas merkte.

Strafe und Belohnung, doch auf die Belohnung warten wir beide bis heute.

Suchen und finden, doch obwohl wir uns nie bewusst suchten, fanden wir uns ständig wieder.

Viel und wenig, zu viel versprochen und zu wenig gegeben.

Heil und verletzt, doch die Verletzte war immer nur ICH.

Ich kam zurück als Regen und konnte vielen Menschen helfen, Schmerz und Enttäuschung wegzuwaschen. Menschen zu erfrischen, zu beleben und neu beginnen zu lassen. Dabei wünschte ich mir nichts sehnlicher, als ebenfalls neu zu beginnen, um endlich den Genuss zu finden. Doch ich lernte das **Vergessen**.

Regen

Wenn ich auf die Erde falle, treffe ich vielleicht genau dein Gesicht und meine Tropfen vermischen sich mit deinen Tränen. Sie laufen dir über deine Wange und du blickst nach oben. Dein Ausdruck kann dankbar sein, dankbar dafür, dass ich es bin, der dir gerade in diesem Moment zeigt, dass du am Leben bist.

Dein Ausdruck kann leidend sein, weil ich vielleicht genau in diesem Augenblick betone, dass es dir nicht gut geht.

Dein Ausdruck kann hart und finster sein, weil ich dir vielleicht gerade nicht passe oder dein Ausdruck ist glücklich, weil du vielleicht schon die ganze Zeit auf mich gewartet hast.

Wenn ich auf die Erde falle, läufst du vielleicht gerade abends durch dunkle Gassen nach Hause, und ich weise dich darauf hin, wie undankbar dir dein Leben gerade vorkommt. Es kann auch sein, dass du barfuß auf der warmen Teerstraße an einem Sommertag unter meinen Tropfen tanzt und ich dich erblühen und den Sommerregenduft einatmen lasse.

Vielleicht berühre ich dich nicht einmal, weil du gerade nur aus deinem Fenster zu mir nach draußen schaust und meine Tropfen deine Scheibe hinunterlaufen und du sehnsüchtig bist und dich fragst, wann es endlich wieder aufhört zu regnen. Dann musst du mit zugeschnürter Brust und Kloß im Hals vielleicht auch an jemanden denken, für den ich vielleicht gerade ebenfalls vom Himmel falle.

Wenn meine dunklen Wolken aufziehen und ich vielleicht zusätzlich auch noch den Wind im Gepäck habe, flüchtest du schnell nach drinnen oder atmest tief ein und spürst mich, weil du bereit für mich bist und es dich nicht stört, dass ich bald die Erde erreichen werde.

An manchen Tagen akzeptierst du mich, an manchen Tagen verfluchst du mich, an manchen Tagen mache ich dich lebendig, aber manchmal deprimiere ich dich auch. Doch meistens versuchst du, einfach mit mir zu leben, da es mich nun einmal gibt, und denkst gar nicht viel über mich nach.

Überwiegend empfindest du mich allerdings als unangenehm oder als lästiges Übel, mit dem man nun einmal zurechtkommen muss. Doch wenn ich abends auf dein Dach prassele und du im warmen Bett liegst und die Geräusche genießt, die ich mache, dann wiege ich dich sanft in den Schlaf damit.

Ich habe dir auch oft schon Energie gebracht, wenn du mit weit aufgerissenen Augen zu mir nach draußen schautest und stauntest, welch eine Kraft ich haben kann und wie weh meine Tropfen dir tun können, was sie für Schäden anrichten oder in welcher kurzen Zeit ich es schaffe, Gebiete völlig zu überfluten. Dann pocht dein Herz und du fühlst dich mit allen Menschen um dich herum verbunden.

Diese Kraft, diese Fähigkeit, all das in dir zu bewirken, habe nur ich ganz allein.

Wenn ich einmal Tage oder sogar wochenlang ausbleibe, dann wird nach mir gefleht und gesehnt. Sobald ich dann komme, kann ich für die meisten gar nicht schnell genug wieder weg sein.

Manchmal male ich mit meinen Tropfen Bilder – das Bild des Regenbogens. Oder wenn die Sonne meine Tropfen anscheint und ich es dadurch schaffe, jedes einzelne Blatt eines Baumes glitzern und funkeln zu lassen. Auch wenn ich auf warme Dächer und Straßen herabkomme und mein Nebel aufsteigt. Immer dann, wenn ich all diese Kunstwerke errichte, löse ich in dir einen Funken Magie aus. Und wieder bist du beeindruckt von mir.

All das ist mein Können, mein Tun, mein Sein. All diese Gefühle und Situationen und Gedanken habe manchmal allein ich in der Hand.

Doch meine wertvollste Fähigkeit ist dir noch gar nicht bewusst. Erst wenn der Zeitpunkt eintrifft, wirst du für diese Fähigkeit Dankbarkeit empfinden. Ich wasche weg, was war. Ich hinterlasse dir einen neuen Anfang. Die Luft riecht sauber und frisch. Der Himmel und die Luft sind klar. Dampf steigt vom Boden auf. Alles stellt sich auf Anfang. Neues Leben schenke ich nicht nur

Pflanzen, sondern auch dir. Wenn du mich dringend brauchst, werde ich kommen und deine Gedanken reinwaschen damit sich deine Sinne wieder auf das Wesentliche konzentrieren. Du wirst neue Blickwinkel auf die Dinge bekommen, weil ich alles reingewaschen habe. Du wirst tiefer atmen können, weil meine reine Luft den Knoten um dein Herz lösen konnte. Und wenn du einmal wieder nicht weißt, wohin mit all deinen Gedanken, dann warte auf mich, ich komme bestimmt. Warte und vertraue darauf, dass sich alles reinwaschen lässt und du dich wieder fokussieren kannst. Ich bringe dir das Vergessen und wasche weg, was keinen Platz mehr bekommen soll. Ich bin der Regen.

Wieder ein Menschenleben, doch wieder war es hart. Ich war in einer Spirale von Fragen gefangen und wusste nicht was ich nur falsch gemacht hatte. Die Frage nach dem „Warum" durchbohrte mich. Das Vergessen lernen wollte mich erneut prüfen. Das Universum wollte sehen das ich mich fokussieren kann. Das ich nach Rückschlägen weiter machen kann und auch Richtungswechsel vornehme. Doch auch dieser Prüfung war ich nicht gewachsen. Ich brauchte dieses Leben dafür, um zu begreifen, dass zum Vergessen auch das **Akzeptieren** gehörte. Ich begriff es nicht, bis ich die Stadt der Wünsche kennenlernte und dort die Akzeptanz erfuhr, welche ich brauchte um nach Rückschlägen weiter zu machen. Ich fing an, mir meine Fehler zu verzeihen, was geschehen ist zu akzeptieren um letztendlich vergessen zu können. Ich fühlte mich meinem Lebensgenuss ein Stück näher.

Stadt der Wünsche

Mein Kopf braucht frische Luft, denn ich habe wieder die ganze Nacht geweint und beginne den Tag erneut ohne jeglichen Lichtblick. Beim Spazierengehen entdecke ich eine Strickleiter mitten im Park, sie schleift auf der Erde und endet in einem großen Baumwipfel. Was verbirgt sich hinter den dichten, grünen Blättern? Wo führt die Leiter hin und wer hat sie aufgehängt? Ich klettere sie Sprosse für Sprosse hinauf, Schritt für Schritt steige ich höher. Schon längst im grünen Schutz der Baumkrone angekommen, geht die Leiter höher und höher hinauf. Wie hoch dieser Baum ist! Meine Kraft will schon fast nachlassen, als ich von weitem sehe, dass der obere Ast bald erreicht ist. Helles, warmes Licht durchströmt die Umgebung, als wäre die Sonne ganz nah. Ich rechne fest damit, mich auf den oberen Ast zu setzen, um dort eine unvergleichliche Aussicht zu genießen, doch meine Erwartungen werden übertroffen.

Oben angekommen, kraftlos, matt und mit schmerzenden Armen, steige ich auf keinen Ast. Meine Füße berühren eine Wiese und vor mit tut sich eine unglaublich schöne Frühlingslandschaft auf. Ungläubig schaue ich die Strickleiter hinunter und sehe den Baum von oben. Wie geht so etwas? Ich erstarre vor Angst und mache vorsichtig einen Schritt weiter, ich taste mit dem Fuß den Untergrund ab, ich habe Angst, zu fallen, denn immerhin bin ich doch eigentlich auf einem Baum. Doch unter den Füßen befindet sich ein fester Untergrund und eine weiche, duftende Wiese. Noch ein letzter Blick die Leiter hinunter, doch meine Entscheidung ist längst gefallen. Ich lasse mich darauf ein, will sehen, wo ich bin, und alles erkunden.

Ich schlendere über die Frühlingswiese, als wäre das alles ganz normal. In mir toben allerdings tausende von Gedanken. „Hallo", höre ich jemanden sagen. Doch ich kann niemanden sehen.

„Hier unten!" Ich schaue neben mir in die Wiese und sehe ein paar Füße im hohen Gras herausschauen. Ich gehe noch zwei Schritte und sehe eine junge Frau, die im hohen Gras liegt, sie hat die Arme hinter dem Kopf verschränkt und blinzelt entspannt in die Sonne und mir zu. Meine Stimme ist weg, mein Kopf plötzlich komplett leer, ich reibe mir die Augen, da ich es nicht glauben kann. Das bin ich. SIE ist ich! Ich bin auf einen Baum gestiegen, um auf eine Wiese zu kommen und mich selbst zu treffen, was nur eine einzige Erklärung haben konnte: „Bin ich tot?", fragte ich sie zitternd. Sie lachte, „Nein nein, keine Angst, du bist nicht tot. Nur auf einer kleinen Reise."

„Wer bist du?" „Ich denke, diese Frage kannst du dir selbst beantworten oder soll ich uns erst einen Spiegel holen?", fragte sie. „Du bist ich!", wagte ich auszusprechen: „Richtig", sagte sie, erfreut über meinen Geisteszustand. „Wo bin ich?" „Willkommen in der Stadt der Wünsche!", sagte sie. „Stadt?" „Oh ja, warte, dafür müssen wir hinter den Hügel laufen!" Sie erhob sich und ich stand mir direkt gegenüber. Ihre Haut war reiner und das Haar voller, sie sah glücklich aus. Hatte weniger Augenringe als ich. „Lass uns gehen, ich zeige dir die Stadt!", forderte sie mich auf.

„Wohnst du hier?", fragte ich. „Ja manchmal, das wirst du bald verstehen!", meinte sie. Ich hatte tausende Fragen, doch mein Kopf war wie leergefegt, deshalb ging ich schweigend neben ihr her. Wir stiegen einen Hügel mit saftigem Gras hinauf und als wir oben angekommen waren, durchbrach sie unser Schweigen: „So, jetzt noch einmal: Willkommen in der Stadt der Wünsche!" Was meine Augen da erblickten, konnte nicht real sein. Wir waren so hoch, dass kleine weiße Wölkchen auf unserer Höhe vorüber flogen, nach wie vor erfüllte dieses helle, warme, gelbliche Licht die Umgebung. Ich erblickte vor mir riesengroße, goldene Zahnräder, als sei ich im Inneren eines alten Uhrwerkes. Ich rieb mir die Augen und blinzelte in dieses Licht, es waren tausend Zahnräder, die kleinen in Kupfer die großen in Gold. Sie drehten sich langsam und fassten unkompliziert und mit Leichtigkeit ineinander und unter den Zahnrädern waren tatsächlich Häuser. „Ich verliere den Verstand, wäre ich doch bloß diese Leiter nicht hinaufgestiegen!", meinte ich zu meinem zweiten Ich, das freudig neben mir stand. „Wäre?", fragte sie, „*Hätte, wäre* und *könnte* sind alles Wörter, die es in der Stadt der Wünsche nicht gibt", erklärte sie. „Hier wirst du alles schon getan haben oder eben nicht." Mein Kopf schaltete sich wieder ein, allerdings war er wenig hilfreich, denn er verstand es auch nicht, und meine Schläfen pochten.

„Lass uns weiter gehen", hörte ich sie sagen und ich stellte fest, dass sie mir schon ein paar Meter voraus war. Schnell holte ich sie ein. „Was soll das heißen, dass ich alles schon getan habe oder eben nicht?" „Hattest du denn noch nie den Gedanken, was passiert wäre, wenn ich nicht weggezogen wäre? Oder was wäre passiert, wenn ich auf der Party geblieben wäre? Oder was es geändert hätte, wenn ich weniger getrunken hätte? Oder wenn ich ihn nie kennengelernt hätte?" „Schon, aber ich dachte, *wäre, hätte* und *könnte* gibt es hier nicht?" „Richtig", meinte sie „Denn hier lebst du in tausend Ausführungen und kannst sehen, was passiert ist, wenn du die Richtung einschlägst, die du dir zu bestimmten Zeitpunkten gewünscht hattest!" „Ich verstehe hier gar nichts. Bedeutet das, dass die ganze Stadt aus meinen Doppelgängerinnen besteht?" „Jetzt hast du's!", meinte mein zweites Ich. „Und andere Menschen?", fragte ich. „Andere Menschen- andere Städte- andere Wünsche – andere Lebenswege", antwortete sie mir kurz und ging schnellen Schrittes voran auf all die Häuser und Zahnräder zu.

Ich blieb stehen. „Wo bleibst du?" „Ich weiß nicht, ob ich das sehen sollte." „Wenn du es nicht sehen solltest, wärst du nicht hier. Wenn du das alles nicht sehen solltest, dann hättest du auch die Strickleiter nicht gesehen!"

„Das ist nicht wirklich eine Erklärung, die mir gerade hilft", sagte ich. Meine Doppelgängerin verdrehte die Augen, genau wie ich es selbst so oft tat. „Stell dich nicht so an, du brauchst das!"

Wir nähern uns den Häusern und alle haben eine Etage, vier Fenster und eine Eingangstür. Manche sehen sehr gepflegt und andere ziemlich verfallen aus. „Sozusagen wohne hier überall ich?" Mein zweites Ich stöhnt. „Nimm Platz", sagt es und zeigt auf eine Bank. Ich setze mich, mir ist etwas schwindelig. „In all diesen Häusern wohnt ein ICH von dir. Immer wenn du dich fragst, was *wäre, wenn, hätte, könnte, wollte*, entwickelt sich eine Person von dir weg, die diesen Wunsch hier oben in dieser Stadt der Wünsche auslebt. Die Häuser werden in NIE-HÄUSER und in MEHR-HÄUSER aufgeteilt. Schau hinter die Türen und finde heraus, wer du selbst bist." „Aus welchem Haus kommst du? Aus einem NIE- oder aus einem MEHR-HAUS? ‚Welchem meiner Gedanken bist du entsprungen?'" „Das zeigt sich, wenn es soweit ist. Bist du bereit, hinter die Türen deiner Wünsche zu blicken? Dann halte ich jetzt die Zahnräder an!" „Warum musst du die Zahnräder anhalten?" „Damit du den aktuellsten Zustand von dir vor Augen hast, Wenn du in die erste Tür schaust und dir nicht gefällt, was du siehst, dann hast du automatisch wieder Wunschgedanken, die sofort alle deine anderen Ichs ändern werden. Du sollst aber deinen aktuellen Zustand ganz unverfälscht betrachten können. Sobald die Zahnräder stillstehen, kommen deine neuen Gedanken, solange du dich in dieser Stadt befindest, auch nicht bei deinen anderen Ichs an. Also bereit?" „Was wird mich erwarten?" Meine Doppelgängerin seufzt und hält die Zahnräder an. „Finde es selbst heraus, nimm dir die Zeit, die du brauchst, und falls du noch weitere Fragen hast, werde ich dich begleiten." Zielstrebig steht sie von der Bank auf. „Welche Tür willst du zuerst öffnen?"

Nur träge erhebe ich mich von der Bank. Die Stadt ist sehr ruhig geworden, nachdem die Zahnräder zum Stillstand gekommen waren. Ich überlege noch, ob es möglich ist, chronologisch vorzugehen, während ich mich dem ersten Haus nähere. Das Haus hat einen Briefkasten, auf dem „Mehr Mühe und Fleiß" geschrieben steht. „Aha", denke ich, also eines der MEHR-HÄUSER. Es sieht sehr gepflegt aus, im Garten befinden sich großartige Pflanzen, pompöse Steinhauereien und sogar ein Pool, in der geöffneten Garage steht ein Auto, welches von einer Plane abgedeckt ist, wahrscheinlich ziemlich teuer. Ich öffne das Gartentor, an der Haustür gibt es keine Klingel. Als ich klopfen will, öffnet sich die Tür von selbst. Und nun stehe ich doch tatsächlich meinem dritten Ich gegenüber. Rot lackierte Fingernägel, gepflegtes Äußeres, eine vermutlich sündhaft teure Brille auf der Nase. Markenkleidung. Es strahlt mich und meine Nummer Zwei an. „Willkommen, Ihr seid spät, ich habe schon gewartet." „Sie hatte viele Fragen", sagte mein zweites zu meinem dritten Ich etwas genervt. Mein drittes Ich ist mir sympathischer, es nick mir höflich zu, lächelt und meint: „Das ist ja verständlich, nicht wahr? Kommt schon, setzt euch!"

Ich lasse mich in einem im südamerikanischen Stil eingerichteten Wohnzimmer auf einem riesengroßen Sofa nieder, es gefällt mir gut, aber wir haben ja im wahrsten Sinne des Wortes auch denselben Geschmack. Ein heißer, dampfender Kaffee steht vor mir auf dem Tisch. Mein drittes Ich nickt mir zu, um mir zu sagen, dass das Heißgetränk für mich ist. Ich lehne mich erschöpft in die weichen Sofakissen. „Du bist sozusagen mein „Mehr Mühe und Fleiß-Ich"?" „So ist es", antwortete sie lächelnd. „Ich hatte mehr Fleiß beim Lernen in der Schule, was du dir oft gewünscht hast, und mehr Mühe im Job und so kam ich auch zu mehr Geld", sagt sie. „Das ist nicht zu übersehen", sage ich in neidvollem Ton, während ich mich im Raum umblicke. „Was machst du beruflich?" „Ich bin Kinderbuchautorin und Illustratorin." Das hast du dir schon als vierzehnjähriges Mädchen gewünscht, aber ich hatte die Mühe und den Fleiß, um in der Schule so gut zu sein, dass ich studieren konnte und habe mich dann mit viel Mühe zielstrebig hochgearbeitet. Heute sind meine Bücher sehr bekannt und werden in viele Sprachen übersetzt und in aller Welt verkauft. Manchmal mache ich für andere Kinderbücher auch nur die Illustrationen. Wie du siehst, bin ich erfolgreich genug, um ein schönes Leben zu führen. Ich besuche Kindergärten und kann meine Bücher in renommierten Buchhandlungen vorstellen. Außerdem bin ich mittlerweile so gefragt, dass meine bereits geschriebenen Werke aktuell genug Geld einbringen, ohne dass ich etwas Neues schreiben müsste. Doch das tue ich natürlich weiterhin gern, denn ich habe mir meinen Traum erfüllt."

Nach fünfminütigem Schweigen von meiner Seite aus sage ich zu ihr: „Das freut mich für dich!" „Ich weiß, dass es nicht deine aktuelle Realität ist, aber du kannst es noch anpacken! Gib nicht auf, erfülle deine Träume, sei fleißig und bemühe dich, dann wirst du es zu etwas bringen!" „Hast du einen Mann?", höre ich mich fragen und erschrecke etwas über mich selbst! „Nein das gehört nicht zu meinem Leben, ich bin nur das Ich von dir, welches sich auf mehr Fleiß und Mühe konzentriert hat." Als die Tür hinter mir und meinem zweiten Ich ins Schloss fällt, hole ich tief Luft. Das war verrückt und ich würde lügen, wenn ich behaupten würde, dass es mich nicht etwas inspiriert hat. Außerdem war es gar nicht so schlimm, wie ich vermutet hatte. Also auf zum nächsten Haus, der Kaffee hat mich gestärkt.

„Verstehst du jetzt, wie es funktioniert?" fragt meine Nummer Zwei mich, und bevor ich antworten kann, verfällt sie in neue Erklärungen. „Durch deine Wünsche entwickelst du eigene Realitäten in deinem Kopf und in der Stadt der Wünsche werden sie verwirklicht." „Okay das ist ja ganz nett, aber den Sinn und Zweck, weshalb ich mir das anschauen soll, verstehe ich immer noch nicht, denn all das habe ich ja da unten auf der Erde nicht getan oder geschafft." „Das wird noch Sinn für dich ergeben", verspricht sie mir. Und während wir noch reden, kommen wir auch schon am nächsten Haus an. „Nie angefangen" steht im Holz des Gartentores eingeschnitzt. Also nun ein NIE-HAUS.

Während ich mich gerade frage, wie vielen Ichs ich begegnen werde und wie viele Häuser insgesamt vor mir liegen, öffnet sich knarrend die alte Holztür vor mir und ich stehe meinem vierten Ich gegenüber. Ich sehe in ihre Augen und noch bevor ich das Haus betrete, frage ich sie: „Mit was hast du nie angefangen?" Ohne ein Wort zu sagen, drehte meine viertes Ich uns den Rücken zu und winkt uns herein. Wir folgen ihr. Das Haus ist mit stilvoll zusammengestellten Möbeln, die teils von Trödelhändlern und teils aus preiswerten Einrichtungshäusern stammen, eingerichtet. Wir setzen uns an einen alten Holzküchentisch, dessen Lack schon abgekratzt ist. Er ist urig dekoriert: Mein viertes Ich hat jedenfalls die Gabe, aus wenig viel zu machen. Kaum sitze ich auf dem Stuhl, fängt sie an zu erzählen, dass es keine Ausbildung wie ich begonnen hatte, aber dass ich froh sein solle, dass ich sie gemacht habe. Auch wenn ich schon lange nicht mehr in dem von mir erlernten Beruf arbeite, habe ich doch diese Ausbildung abgeschlossen und somit etwas in der Hinterhand. Außerdem konnte ich dadurch viele Erfahrungen machen, die ihr nun fehlen. Sie erzählte mir weiter, dass sie ein paar andere Ausbildungen angefangen, doch nie zu Ende gebracht hat, und sich nun mit verschiedensten Jobs in Einkaufsmärkten und Gaststätten über Wasser halte. Häufig arbeitet sie in Schichten und oft kommen die Zahlungen zu spät. Zudem hatte sie Schwierigkeiten damit, ihr Geld einzuteilen. Sie tat mir ein wenig leid. Ob sie mich für diesen Wunsch jetzt hasste? Ich konnte schwer hinter ihre Fassade blicken: Sie war sehr ernst und verzog keine Miene. Als wir gingen, sagte sie, dass sie sich gefreut habe, mich endlich kennenzulernen, Ich erwiderte das es mir ähnlich ginge und obwohl mir danach war, sie zu umarmen, getraute ich mich dies nicht.

Das dritte Haus war ein „Mehr Gedanken-Haus". Und wieder öffnete sich die Tür, als wir ankamen. Nun stand ich meiner Nummer Fünf gegenüber, sie war sehr sachlich und rational und etwas unterkühlt. Bei diesem Besuch kam ich mir vor, als säße ich bei der Direktorin in der Schule und müsse mich über die Folgen gewisser Taten aufklären lassen. Die Wirkung des Kaffees ließ langsam nach und meine Schläfen pochten wieder. Selbst mein zweites ich war von Nummer Fünf genervt. Wobei ich das Gefühl hatte, dass sie von allem ein wenig genervt war. „Du hast dir gewünscht, dir mehr Gedanken zu machen, bevor du Entscheidungen triffst, und so bin ich zu einer Version von dir geworden, die jede Entscheidung vorher gründlich überdenkt und deren Folgen abwägt. Niemals durch ein Bauchgefühl heraus oder wonach das Herz sich sehnt. Tätowieren schädigt die Haut, Drogen jeglicher Art den Verstand. Bei mir gibt es keinen Tropfen Alkohol und ich habe nie geraucht. Außerdem habe ich mich nicht gleich in Beziehungen gestürzt, ohne den Gegenüber richtig zu kennen, denn das wäre unvernünftig." Es folgten viele weitere Belehrungen und ich war froh, als wir da wieder raus kamen. Man muss zwar eingestehen, dass sie kein schlechtes Leben führte, aber sie verfügte über keinerlei Menschenkenntnis, weil sie sich nie Fehler erlaubte. Außerdem hatte sie keinen Sinn für Humor, weil sie nie etwas erleben durfte. Sie war eine Version von mir, welche kaum Fehler machte, weil sie mehr nachdachte. Dafür, dass sie einige Fehler, die mir unterlaufen waren, nicht gemacht hat, beneidete ich sie. Doch es gab durchaus auch Fehler, über die ich heute noch schmunzeln muss. Und diese Fehler machen mich zu dem, was ich bin. Also bloß schnell weg und zur nächsten Tür.

Wie ich mir schon dachte, handelte es sich abermals um ein NIE-HAUS. Und zwar war es das Haus des „Nie Einlassens". Dieser Wunsch kam mir bekannt vor. Wie oft sagte ich mir schon: „Hätte ich mich nur nie darauf eingelassen!" Doch ich befürchtete auch, dass dieser Besuch genauso erschreckend spießig werden würde wie der bei „Frau Mehr Gedanken". Die Tür öffnete sich und wir traten ein. Es war traurig anzusehen. Diesmal stand ich abermals vor einem Ich, welches mir leid tat. Sie war einsam und hatte kein Selbstwertgefühl und keinen Stolz. „Niemand will mich", sagte sie, „ich habe mich nie auf andere Menschen eingelassen, nie herausgefunden, was ihre Absichten sind, mich nie auf neue Kontakte eingelassen und auf verrückte Ideen. Ich habe keine Freunde und ich gefalle mir nicht, keiner will mich." Diese arme Person. Ich startete einen Versuch, sie zu trösten: „Glaube mir, du hast nicht nur Gutes versäumt, sondern dir auch mehr als genug Enttäuschungen und Schmerz erspart." „Lieber einmal Liebe spüren und danach Schmerz, als sein Leben lang einsam zu sein – glaube mir!", entgegnete sie und sprach weiter: „Tu mir den Gefallen und verschließe dich nicht vor anderen, nur weil du in der Vergangenheit verletzt worden bist. Lass dich weiterhin darauf ein – vielleicht wird nicht alles davon gut sein, aber du bist wenigstens nicht einsam." Ich musste schwer schlucken und versprach es ihr, als wir das Haus verließen. Still und mit Tränen in den Augen gingen wir zum nächsten Haus.

Auf dem Willkommens-Schild an der Tür stand: „Mehr Zeit" „Hätte ich mir nur mehr Zeit gelassen!" Das dachte ich mir oft und dementsprechend handelte es sich bei der Bewohnerin dieses Hauses um ein Ich von mir, welches ich bewunderte. Sie hat sich mit allem mehr Zeit gelassen und auch bisweilen einfach abgewartet und nichts Unüberlegtes getan. Auf diese Weise hat sie es geschafft, manche Situationen nicht noch schlimmer zu machen. Es gehört nämlich zu den schlechten Eigenschaften von mir, dass ich ungeduldig bin und mir damit auch schon viel kaputt gemacht habe oder mich unter Druck setzte. In manchen Situationen sollte man einfach erst einmal abwarten. Sie war im Grunde genommen fast wie ich, nur sehr viel entspannter, erholter und gelassener. Das Leben hatte sie weniger geprägt als mich. Als dieser Besuch zu Ende war, nahm ich mir fest vor, mit mehr Geduld durchs Leben zu gehen und mir vor Augen zu halten, dass manche Probleme sich von selbst lösen und man sich nicht überall kopfüber hineinstürzen sollte.

Das sechste Haus war ein Doppelhaus, alles war doppelt vorhanden, es gab acht Fenster und zwei Haustüren und das fand ich interessant. „Nie gegangen", war auf dem Briefkasten zu lesen. Die eine Haustür war mit „Auszug" beschriftet und die andere mit „Umzug". Zuerst gingen wir durch die Tür „Umzug" und hier traf ich auf meinen Wunsch, nie umgezogen zu sein, und fand mich in meinem alten Zimmer wieder, aber es war anders – irgendwie „erwachsener" – eingerichtet. „Du bist niemals hier rausgekommen, bist nie in eine andere Stadt gezogen, warst immer wohl behütet, warst da, wo es dir am besten geht", sagte das achte Ich zu mir. Allerdings hatte mein achtes Ich auch häufig Streit mit den Eltern und keinen Partner, da eine Partnerschaft ja immer irgendwann nach einem eigenen gemeinsamen Platz verlangte. Im Übrigen fehlte es ihr auch enorm an Lebenserfahrungen, schönen Erinnerungen und Erlebnissen.

Die zweite Tür des Hauses war beschriftet mit „Auszug". Dies erinnerte mich an einen Wunsch meinerseits, der noch gar nicht so lang her war. Ich musste ausziehen und frage mich seitdem oft, was geschehen wäre, wenn ich nie ausgezogen wäre.

Schon mehr wie nur einmal erging es mir so. Ein völlig kaputtes, schwaches, blasses, verweintes und ungepflegtes Ich öffnete mir die Tür. „Auch wenn es dir sehr weh tut, sei froh, dass du ausgezogen bist, denn ich durchlebe hier die Hölle", erklärte es mir. „Er hat sich nicht geändert und wird es auch nie, er ist kaum zu Hause und verrät mir nicht mehr, wohin er geht, er kritisiert mich am laufenden Band. Ich vergieße Tag und Nacht Tränen. Ich kann mir vorstellen, dass du es nach dem Auszug auch nicht einfach hast, aber wenigstens besteht für dich die Chance, alles neu zu gestalten." Auch dieses Ich tat mir wegen meines Wunsches ziemlich leid, ich hatte ein schlechtes Gewissen und zeitgleich stieg die Wut in mir wieder auf. Es ist schon interessant, zu sehen was geschehen wäre wenn. Und es lässt mich feststellen, dass es gut war zum richtigen Zeitpunkt einen Schlussstrich gezogen zu haben, bevor ich mich selbst verliere.

Ich zündete mir, vor dem Haus, eine Zigarette an, und mein zweites Ich scherzte: „Zum Glück ist Miss „Mehr Gedanken" gerade nicht hier!" Wir lachten und gelangten zum siebenten Haus. Die Tür öffnete sich allerdings nicht, mein zweites Ich trat vor mich und öffnete von außen, dann ging es hinein, schlug mir die Tür vor der Nase zu, öffnete sie Sekunden später wieder und sagte „Willkommen im „Mehr Gesundheit Haus", übrigens, mach bitte diese Zigarette aus, hier ist Rauchen verboten." Mein zweites Ich, welches mich bisher begleitete und nun auf diese Weise empfing, wohnte also im siebten Haus. Wir setzten uns auf ihre Terrasse und sie brachte mir einen frisch gepressten Orangensaft. „Der gibt dir Energie", pries sie das Getränk an. „Kaffee gibt mir Energie", erwiderte ich. „Mal ehrlich, Kaffee, Rotwein, Zigaretten, wenig Essen, wenig Sport: Kein Wunder, dass du so abgekämpft aussiehst!" „Na vielen Dank auch", sagte ich vorwurfsvoll und rollte mit den Augen. „Ich bin keine, die dich belehren will", versprach sie. „Aber du hast ein Kind und viel durchgemacht. Ich bitte dich, nur etwas mehr auf dich zu achten und an deine Gesundheit zu denken. Wir haben nur diesen einen Körper und den sollten wir pflegen Wir haben nur dieses eine Leben und sollten alles dafür tun, dass wir möglichst lange gesund bleiben." „Da hast du recht. Deine Haare und deine Haut sehen echt klasse aus und diese tolle Figur hatte ich früher auch mal." Ich versprach ihr, mehr auf mich zu achten und wir gingen zusammen weiter. Ich fühlte mich tatsächlich nach dem kühlen Orangensaft wieder etwas frischer und motivierter.

Auf einem großen Stein neben der Tür des achten Hauses stand „Nie so viel". Ich hatte das noch kaum gelesen, als die Tür auch schon aufging. Diese Version von mir hatte ebenfalls wie „Miss Gesundheit" und „Miss Gedanken" nie viel geraucht, getrunken, Geld ausgegeben und Fehler gemacht. Sie wirkte stark auf mich, doch irgendwie erweckte sie trotzdem mein Mitleid, in mancher Hinsicht aber auch Neid, denn ohne Grund ist dieser Wunsch in meinem Leben ja nicht aufgekommen.

Ich gähnte, da dass alles mich allerhand Kraf kostete und meine Begleiterin sagte zu mir: „Wir haben es gleich geschafft, wir sind am Stadtrand und gleich am letzten Haus angekommen. Dahinter befindet sich abermals eine Wiese und wenn du diese entlang gehst, kommst du wieder zurück zur Leiter und zu deinem eigenen realen Leben." „Heißt das, du gehst nicht mit mir in das letzte Haus?" „Ich warte draußen", sagte sie kurz, „wir verabschieden uns an der Strickleiter. In das letzte Haus musst du allein gehen!"

Das letzte Haus sah sehr schlimm aus, es sah aus, als sei es noch in der Bauphase oder nie fertiggestellt geworden. Außerdem war es größer als die anderen und hatte drei Stockwerke. Als ich klopfte, öffnete mir niemand und ich fand auch diesmal kein Schild, welches auf einen weiteren Wunsch hinwies, den eine weitere Doppelgängerin in diesem Haus auslebte. Nachdem ich ein paar Mal um das Haus herum durch den ungepflegten Garten gelaufen war, beschloss ich, vorsichtig die Tür selbst zu öffnen. Meine Nummer Zwei war ja leider nicht mehr da und ich konnte sie nicht fragen, ob das in Ordnung sei. Ich drückte langsam die Türklinke herunter, als die gesamte Tür aus dem Schloss fiel und vor mir in das Haus auf den Boden krachte. Ich stieß einen Schrei aus und erschrak mich fürchterlich. Langsam stieg ich über die Tür in das Haus – alles war staubig und vor manchen Fenstern hingen zerrissene Gardinen, vor anderen Fenstern sogar Holzbalken. In dem Haus befanden sich keine Möbel. Ich ging vorsichtig von Raum zu Raum „Hallo, wohnt hier jemand?", fragte ich in die Leere hinein. Ich kam in den größten Raum und dachte mir, dass das wahrscheinlich einmal das Wohnzimmer hätte werden sollen, als ich das einzige Möbelstück entdeckte. Ein Spiegel stand genau in der Mitte des Raumes. Es war ein großer, alter Standspiegel. Ich trat vor ihn und wischte die Staubschichten mit meinem Ärmel weg. Ich sah hinein und genau in mein Spiegelbild. Ich bemerkte, dass hinter mir in diesem Raum etwas an die Wand geschrieben wurde. Ich drehte mich um und trat an die Wand heran. „Das erste erbaute NIE MEHR-HAUS" stand da geschrieben. Darunter konnte ich meinen jüngsten Wunsch lesen: „Nie mehr lieben". Ich stand dort wie angewurzelt und mein Kopf arbeitete auf Hochtouren. Kein NIE-HAUS und kein MEHR-HAUS, sondern ein NIE MEHR-HAUS. „Nie mehr klingt so endgültig", dachte ich mir traurig. Wieder drehte ich mich in Richtung des Spiegels, begutachtete die anderen Wände in der Hoffnung, noch irgendetwas lesen zu können, das mir weiterhilft, doch es stand nichts mehr geschrieben. Ich wollte zur Strickleiter gehen, und blickte noch einmal in den Spiegel. Auf einmal dämmerte es mir. „Nie mehr lieben": Das war mein jüngster Wunsch und der Spiegel – mein Spiegelbild, die Bewohnerin des Hauses – bin ich. Und diesmal wirklich „Ich". Ich selbst, ich ganz allein! Ich betrachtete mich genau, ich sah sehr angeschlagen aus, diesbezüglich hatte meine Nummer Zwei schon recht, Und wo man endet, wenn man niemanden mehr an sich ranlässt und sich auch selbst nicht mehr liebt, das haben mir meine Doppelgängerinnen auch vor Augen geführt. Ich habe eine harte Zeit hinter mir und es werden auch noch viele schwere Aufgaben auf mich zukommen, deshalb sollte ich mich vielleicht wenigstens selbst wieder mögen, damit ich den zukünftigen Herausforderungen besser gewachsen bin.

Auf dem Weg nach draußen laufe ich am Treppenhaus vorbei und bekomme auch prompt eine Antwort darauf, warum dieses NIE-MEHR-HAUS drei Stockwerke hat, denn auf der Tapete des Treppenhauses steht geschrieben: „Erdgeschoss: Schmerz, 1. Stock: Probleme, 2. Stock: Fehler." Auf dem Boden liegt ein Bleistift. Ich denke kurz nach und schreibe mit dem Stift darunter: „Ich gehe nach all diesen Stockwerken als starke Person hervor und liebe mich selbst!" Dann schließe ich die Tür und hämmere eines der Bretter vor die Tür. Dieses Haus wird hoffentlich nie fertig und niemals eine Bewohnerin haben. Ich werde den Gedanken des „Nie mehr Liebens" nicht mehr zulassen. Ich laufe über die Wiesen. In der Stadt der Wünsche geht gerade die Sonne unter und aus dem warmen Gelb wird ein sinnliches Orange am Horizont. Ich hänge meinen Gedanken noch nach und frage mich gerade, was jedes meiner Ichs wohl gerade in seinem Haus macht, als ich von weitem meine Doppelgängerin sehe. Als ich bei ihr ankomme, lächelt sie, sieht mich an und sagt: „Du siehst verändert aus, weißt du jetzt, wieso du hierhergekommen bist und durch all diese Türen sehen musstest?" „Ich denke schon", erwidere ich und nicke ihr entschlossen zu. „Ich verspreche dir, dass das Haus Nummer Neun niemals eine Bewohnerin bekommen wird." „Das wäre schön. Aber versprich es nicht mir sondern dir selbst!", meinte sie. Dafür können wir vielleicht das zehnte Haus das „Haus des Nie mehr Zweifelns" nennen damit, du endlich wieder stark in dein Leben zurückkehren kannst. Ich hoffe, dass du nach deinem Besuch in der Stadt der Wünsche dir selbst endlich dein Leben vergeben kannst. Denn denke immer daran: Vergeben bedeutet nicht, dass du alles gutheißt, was geschehen ist, es bedeutet, dass das Geschehene keine Kontrolle mehr über dein Leben hat und du loslassen kannst und akzeptierst, dass jeder Weg, den du bis hierhin gegangen bist, zu dir gehört. Und von uns allen bist du die beste Ausführung." Ich umarme meine Doppelgängerin und steige – mit einem letzten Blick zurück – die Strickleiter nach unten.

Vergebung ist kein Radiergummi, der die Vergangenheit auslöscht, aber Vergebung ist gut, weil ich mir selbst verzeihen und wieder nach vorne sehen kann. Ich bin, wie ich bin, und ich sollte meine beste Freundin werden. Nun kann ich mich akzeptieren und mich frei fühlen.

Mein nächstes Leben war kein Menschenleben, denn ich war frei von jedem Körper. Ich hatte Angst, nie wieder in einen Körper zu inkarnieren. Ich war ein kindlicher Geist, dem es zuteil geworden war, die Menschen einmal von oben zu betrachten. Schmerzlich waren die Verluste, welche ich mir als kleine Svea ansehen musste. Weh taten mir all die Tränen, die sie wegen mir vergossen, doch zu gleichen Teilen tat es gut, dies einmal von außen zu betrachten, um zu lernen, dass **Trauer** in Ordnung ist und Zeit braucht.

Svea

Aus einem Moment heraus, nur eine Sekunde oder weniger noch. Wie ein kurzer Lichtblitz, ein Funke, ein Zucken, ein Zwinkern, ein Atemzug entstand ich.

Es gab mich und es gab mich nicht.

Ich bin da, aber ich habe kein Herz und keinen Körper, keine Gestalt. Ich bin nur eine Hülle, die von vornherein tot war. Alles um mich herum lebte, funktionierte, ein Organismus mit Blut und pochendem Herzen und viel Bewegung, aber ich war zu schwach, um damit zu beginnen. Beginnen zu leben.

Nur allein meine Seele war da. Sie sah sich um auf der Welt und in meiner näheren Umgebung. Sie machte sich ihr zerstörerisches Bild, um dann schnell wieder abzutauchen und in einem anderen Körper neu zu inkarnieren.

Sie zeigte mir, wie ich als Mensch geworden wäre und meinen Eltern sicherlich gut gefallen hätte. Rosige Wangen, große, braune Kulleraugen und dunkelblonde Locken auf meinem Haupt. Immer recht klein und drahtig, dickköpfig und willensstark, sensibel und einfühlsam. Ein kleines Mädchen, eine Prinzessin.

Meine Mutter nahm es von Beginn an wahr, denn sie besitzt eine alte Seele und diese vermochte es, die Präsenz meiner Seele zu spüren. Sie bemerkte auch schon, dass etwas nicht stimmte und in ihr tobten von vornherein Trauer, Wut und Unverständnis. Und das alles noch bevor sie wirklich wusste, dass ich nicht lebe.

Ich stellte sie vor eine große Herausforderung. Sie hatte sich mich so gewünscht und es war die ganze Zeit so schwer für sie, eine Bindung aufzubauen. So kannte sie sich nicht und so wollte sie sich selbst nicht akzeptieren. Sie war verwirrt, dass es ihr nicht gelang, diese tiefe Wärme um sich zu spüren und das führte dazu, dass sich in ihr eine tiefe Trauer ausbreitete.

Aber wie soll man auch Wärme empfinden können zu etwas, das kalt und tot ist? Nur meine Seele schwirrte zehn Wochen um sie herum und besuchte sie im Traum. Ich sah dann, wie sie im Schlaf lächelte, doch sobald sie wach war, kamen all diese Tränen wieder aus ihr heraus. Wie gern hätte ich meine kleine Hand auf ihre Wange gelegt und gesagt: „Alles wird gut. Du wirst das überstehen!" Aber ich habe keine Hand, keinen Körper.

Sie erlebte eine starke Veränderung, nicht nur physisch, sondern auch psychisch. Mein Vater war still. Er war einfach nur still. Doch seine Gedanken waren so laut. Manchmal musste ich mir die Ohren, die ich nie hatte, zuhalten, wenn ich über ihm vorbei flog. Über den Köpfen meiner Eltern kreisten dunkle Wolken voller schlimmer Gedanken, die laut und furchtbar waren.

Meistens schwebte ich ganz frei über ihnen hinweg, denn ich wollte nicht zurück in diese rote Hülle, in der Mamas Herz so laut pochte und ihr Blut rauschte. Es wuchs einfach nichts aus mir und deswegen machte mir dieser Ort meistens Angst. Ich war so verloren dort, weil aus mir nichts werden sollte, deswegen entschloss ich mich eben dazu, diese kurze Zeit, in der ich mir die Welt wenigstens mit meiner Seele anschauen konnte, frei zu fliegen und so wenigstens kurz meine Zukunft, die ich niemals erleben werde, auszukundschaften. So oft sah die Mutter mich in ihren Träumen, so oft entschuldigte ich mich, ohne, dass ein Ton aus mir entsprang, dafür, wenn sie weinte oder wenn ihr übel war.

Italien sah ich mir mit meinen Eltern an, doch die meiste Zeit in diesem Urlaub ging es Mama nur schlecht, sie verkrampfte sich und kämpfte mit sich.

Einmal legte sie einen warmen, kleinen, vom Wasser rund gewaschenen Stein, den sie am Strand gefunden hatte, auf ihren noch flachen Bauch. Der Stein war wegen der Sonne, die vorher auf ihn geschienen hatte, wärmer als ich. Wie sie sich wohl anfühlt, diese Wärme des Körpers, wenn man lebt? Ich flog ein Stück in Richtung Sonne in der Hoffnung, sie spüren zu können, doch ich merkte, dass ich blasser wurde, je höher ich mich von dem Körper meiner Mutter abhob. Ich war nun einmal noch an sie gebunden.

Dies war eine quälende Zeit für sie und für mich. Wie gern hätten wir uns kennengelernt. Wie gern uns in die Augen geschaut und uns an den Händen genommen. Doch tief in ihrem Inneren wusste sie schon genau, dass das nie passieren wird und das machte sie so tieftraurig.

Ich konnte nicht von ihr weg und zerstörte sie damit. Das wollte ich nicht.

Papa war geduldig und voller Hoffnung. Und still, so still und leise. Tröstend und schützend, aber so still und leise. Sie waren so schön, meine beiden Eltern. Sie waren auch oft lustig, und das Lächeln meiner Mama gefiel mir so. Sie gaben sich viel Mühe und trugen viel Liebe in sich.

In der Seele meiner Mutter sah ich, dass sie schon vieles erleben musste. Und an ihrem Verhalten konnte ich erkennen, dass sie eine Kämpferin war. Wahrscheinlich setzte ich ihr deswegen so zu. Weil ihr Kampf bei mir nichts nützte. Sie fühlte sich hilflos, weil sie nichts tun konnte, außer abzuwarten. Was für eine Qual.

Mein Papa erlaubte sich keine schlechten Gedanken. Und wenn doch einmal einer aufkam, sprach er sich sebst gedanklich sofort ein Verbot aus, diesen zuzulassen. Optimistisch sein wollte er. „So etwas wird uns nicht passieren. Es wird alles gut werden!", dachte er. Wie gern hätte ich ihn gerüttelt und ihm erklärt, dass er damit aufhören kann, doch ich war ja nie wirklich da.

Ich sah auch meine Omas und Opas und meine Onkel und Tanten, alles nette und herzliche Leute. Sie hätten mich sicher geliebt und ich hätte mich in ihrer Mitte wohlgefühlt.

Was sie mir wohl für einen Namen gegeben hätten? Das Universum sagte mir später, mein Name ist „Svea": „Svea" kommt von dem schwedischen Wort „Swebe", das so viel wie „frei" bedeutet. Denn ich bin frei von jedem Körper und jedem Geist. Nur eine Seele, die zu ziemandem gehört. Wieso haben sie mich nicht gleich „verloren" genannt?

Nach dem Urlaub hatte Mama einen neuen Termin bei ihrem Arzt, aber es war nichts zu sehen. Eine leere Höhle, kein Kind, kein Herzschlag. „Vielleicht liegt es ungünstig? In diesen frühen Wochen ist ein menschliches Lebewesen so winzig, dass man es nicht immer im Ultraschall sieht."

Es? Mama weinte wieder viel, sie wusste genau, es ist das Ende und es wird nichts mehr mit unserer gemeinsamen Zukunft, die sie sich so bunt ausgemalt hatte.

Eine weitere Woche verging. Wieder ein Arzttermin, wieder kaltes Ultraschallgel und Mama sah diesmal gar nicht mehr auf den Bildschirm. „Ich bin doch hier! Hier bin ich!", hätte ich rufen können, wenn ich eine Stimme gehabt hätte, doch das hätte auch nichts gebracht.

„Gehen sie nochmal ins Krankenhaus, das Ultraschallgerät dort ist genauer!"

Mama fuhr und weinte. Sie weinte bitterlich und rief während der Fahrt Papa und Oma an. Ich war mit im Auto, aber ich konnte sie einfach nicht trösten – dass meine Seele noch hier war, das merkte sie in ihrem tiefen Schmerz nicht mehr.

Nochmals kaltes Ultraschalgel, wieder nichts zu sehen. „Dann machen sie es weg, ich halte das nicht mehr aus!", flehte Mama schon fast. Sie war am Ende ihrer Kräfte. Doch in Gedanken war sie in diesen wunderschönen Traum, in dem ich mich ihr zeigte und lachend mit ihr im Garten über die Wiese tobte.

Ihr Blick war nur noch leer. Eine leidvolle Leere. Alle Worte, die die Ärzte dann noch sprachen, hörte sie nicht mehr. Alles ging durch sie hindurch. Es war Sommer und ein Windstoß durch das offene Fenster der Praxis traf ein paar Strähnen ihres langen, braunen Haares. Er holte sie zurück ins Hier und Jetzt. Ach, meine wunderschöne, liebe Mama.

Sie fuhr heim, mit der Klarheit und dem Wissen, dass die Ahnung, die sie von Anfang an hatte, sie nicht getäuscht hatte. Sie sprach im Auto mit mir, also mit ihrem Bauch zumindest. Sie beteuerte, wie schwer das alles sei und dass sie sich mich so sehr gewünscht hätte und dass sie nicht loslassen möchte, aber sie muss, denn ihre Kraft reicht nicht mehr. Ich beteuerte ihr, wieder ohne einen Ton von mir zu geben, dass sie nichts dafürkönne und dass die Gegebenheiten nicht ausreichten und meine Kraft zu wenig sei, um zu wachsen. Zudem sagte ich noch, dass ich dankbar sei, dank ihr mit meiner Seele ein Stück der Welt überflogen haben zu dürfen. Und dass ich all dies niemals vergessen werde.

Alles, was danach kam, war nur noch grauenvoll und schlimm. Ich sah zu, wie Mutter weitere Abende weinte und ihre hilflose Situation nur noch zu ertragen versuchte. Wie sie Papa nicht einmal mehr trösten konnte und auch er seine Trauer in sich hineinfraß, um vor ihr stark zu sein. Ich sah sie einen Termin für die Operation machen. Sie wollten die Hülle in ihr entfernen, aus der ich, also meine Seele entsprang. Diese leblose Hülle, in der ich, so sehr ich auch wollte, einfach nicht gewachsen bin, um die herum alles so lebendig war und pochte und rauschte und rot leuchtete.

Ich sah sie im Krankenhausbett liegen und vor sich hinstarren, während sie darauf wartete, in den Operationssaal gefahren zu werden. Sie umklammerte mit einer Hand den runden, glatten Stein, den sie in Italien auf ihren Bauch gelegt hatte.

Sie schloss ihre Augen und sah immer wieder mich, wie ich kichernd mit meinen roten Bäckchen durch die Wiese rannte und meine Locken in Wind und Sonne schwangen. Sie sprach ein letztes Mal mit mir und wünschte mir eine gute Reise, ihre alte Seele streichelte mir über meinen Kopf. Einen besseren Trost konnte es für mich nicht geben.

Sie wurde hinter zwei weiße Flügeltüren geschoben und ihr Herz fühlte sich ein wenig freier, weil ihr gleich diese „Last" genommen werden wird. Gleißend helles Licht. Und dann hat sie noch einmal richtig lang im Garten mit mir gespielt.

Als sie aufwachte, war alles vorüber. Meine Seele, Ich, Svea war noch da. Meine Mutter war müde, wollte nach Hause. Opa holte sie ab. Papa musste arbeiten. Opa brachte sie dorthin, wo Mama in ihrer Kindheit gelebt hat, machte ihr etwas zu essen und Mama schlief auf dem Sofa. Mamas Bruder, mein Onkel, leistete ihre Gesellschaft. Und Papa holte sie später dann ab.

In der folgenden Woche blieb Mama noch allein zu Hause. Papa war arbeiten und Mama bemalte einen dunkelblauen Pappkarton mit lauter goldenen und silbernen Sternen.

Sie schrieb das Lied von Paula Dehmel darauf, welches sie dabei gerade sang.

**„Leise, Peterle, leise, der Mond geht auf die Reise.
Er hat ein weißes Pferd gezäumt, das geht so still,
als ob es träumt... Leise, Peterle, leise!
Stille, Peterle, stille, der Mond hat eine Brille.
Ein graues Wölkchen schob sich vor, das sitzt ihm grad
auf Nas und Ohr. Stille, Peterle, stille!
Ruhe, Peterle, ruhe, der Mond hat goldene Schuhe.
Er hat sie schon bei Tag geputzt, weil er sie ja nur
nachts benutzt. Ruhe, Peterle, Ruhe!"**

Ich wog mich hin und her, als ich ihre Stimme hörte. Wie gut wäre es mir als ihr Kind gegangen, wenn ich sie singen gehört hätte.

Sie machte zwei Löcher in die Kiste und durchzog diese mit einem dunkelblauen, breiten Band aus Seide. Sie legte ihre Ultraschallbilder hinein, den Stein, eine Kerze und das Operations-Armband vom Krankenhaus. Sie band eine wunderschöne Schleife und die Kiste blieb verschlossen und spendete ihr Trost.

Ein paar Monate später hatte Mama eine neue Arbeit angenommen. Sie und Papa waren zusammen stärker denn je und sie fuhren in eine kleine Kirche.

Sie betraten sie und sahen viele weitere Eltern auf den Bänken der Kirche sitzen, deren Augen – so wie die meiner Eltern – voller Trauer, Tränen und Leid waren. Auch sie hatten schmerzliche Erfahrungen mit freien Seelen gemacht. Oder wie sie auf der Erde genannt wurden: „Sternenkinder" oder „Schmetterlingskinder". Mama hatte im Blumenladen einen Strauß mit zartrosa Blüten geholt und inmitten des Straußes einen rosa- rot karierten Teddybären gesetzt. Sie wusste, dass ich ein Mädchen geworden wäre. Sie wusste es genau.

Es gab einen Gottesdienst und all diese Eltern ließen uns Seelen nun endlich gehen und weiterziehen. Ein winziger weißer Sarg, um den herum Kerzen und zarte Sträuße zu sehen waren, erfüllte den ganzen Raum mit Schwermut. Danach wurde er in die Erde gelassen. Alle Eltern traten der Reihe nach noch einmal vor das Loch, in welches der Sarg verschwand. Meine Mama sah hinein und dachte: „Lebe wohl, kleine Svea." Sie warf ein paar

Blüten und lief dann gefasst zu Papa hinüber um in seinen Armen, leise ein paar letzte Tränen zu vergießen.

Sie bekam ein Papierstück in die Hand, in das sie eintragen konnten,von wann bis wann es mich gegeben hat und eine Kerze in der Form eines Sternes.

Auf dem Friedhof schien die Sonne hinter einer Wolke hervor. Und plötzlich flogen um mich herum all die anderen Seelen, von denen sich die Eltern gerade verabschiedet hatten und es war lautes, energisches Kinderlachen und Kichern zu hören. „Hallo, ich bin Svea – wollen wir spielen?" Wir zogen alle gemeinsam weiter. „Mach's gut, Mama! Ich wünsche dir viel Stärke."

Zu Hause füllte meine Mama das Papierstück aus und legte es zusammen mit der Kerze in den schön bemalten Karton.

Als Mama und Papa etwas später in ihrer neuen Wohnung einen Garten hatten, durch den ich in Mamas Gedanken immer getobt bin, pflanzten sie einen Schmetterlingsflieder, als Zeichen für ihr Schmetterlingskind. Den schön bemalten Karton setzten sie unter den Flieder und somit verabschiedeten sie sich auch noch von den letzten Erinnerungen an mich. Mich, wo es mich doch niemals gegeben hat, nur meine Seele, die stark genug war. Ich wurde in einen Schmetterling wieder geboren und jeden Sommer aufs Neue fliege ich um meinen eigenen Flieder herum.

Mama und Papa bekamen dann einen gesunden kleinen Jungen. Nun ist er es, der lachend durch den Garten tobt und mich, den Schmetterling, jagt. Und wir alle lachen vor lauter Freude und sind unglaublich dankbar.

Ich inkarnierte und wechselte die Seiten. Ich war abgestumpft: Ein Mann, der ein blindes Herz in sich trug und viele Menschen Verletzte. Ich zog mir die Menschen heran, wie sie gerade nützlich für mich waren und stieß sie weg, sobald ich merkte, dass sie mir zu viel bedeuten. Bis ein Mensch kam, der meinem Verhalten einen Spiegel vorhielt und meinem Herzen damit wieder nach und nach lernte zu fühlen. Doch der Genuss blieb weiterhin aus. Stattdessen bekam ich nur die Ignoranz der Menschen zu spüren, die ich mit meinem Verhalten verletzt hatte, obwohl ich mir gerade von ihnen die meiste Aufmerksamkeit wünschte. Ich erlernte und erfuhr **die Wut**.

Blindes Herz

Wie soll man jemandem, der nichts sehen kann, den blauen Sommerhimmel beschreiben? Wie soll man ihm die bunten Farben des Herbstes beschreiben? Man kann zwar die Hand des Blinden nehmen und sie ins Wasser halten, aber auch dann weiß er nur, was „nass" bedeutet, jedoch nicht, wie Wasser aussieht. Man kann den Blinden barfuß über eine Wiese laufen lassen, aber auch dann weiß er nicht, wie grünes Gras aussieht.

Wie schwer ist es dann erst mit einem blinden Herz? Ein blindes Herz kann zwar alles sehen, jedoch verschließt es die Augen vor den Bedeutungen, vor den Empfindungen anderer und vor Gefühlen generell. Ein blindes Herz lebt in seiner eigenen Wahrheit. In einer Art Blase, fernab von allem. So wird es seine Sehnsüchte und Gefühle niemals erreichen können.

Wie erklärt man einem blinden Herz also nun, was es zu fühlen hat? Das Herz kann vielleicht Tränen mit Traurigkeit verbinden, aber wie sich Traurigkeit anfühlt, das weiß das blinde Herz nicht. Wie fühlen sich Hass, Einsamkeit, Glück, Aufregung und Liebe an? Das Herz weiß es nicht! Das Herz kann sehen, aber keine Blicke schenken.

Wie soll man einem Blinden das Sehen erklären, geschweige denn einem Herzen das Fühlen?

Ich stelle den Blinden vor einen Spiegel und frage ihn, was er sieht. „Was siehst du vor deinen inneren Augen? Wie meinst du, dass du aussiehst, wie stellst du dir dein Äußeres vor?", werde ich fragen. Und solange der Blinde sich selbst genau vor sich sehen kann, weiß, wer er ist und was zu ihm gehört, was er empfindet und was er schaffen kann, solange er sich selbst annimmt, wie er ist, solange wird er auch in Gedanken das Meer, den Himmel, die Wiese und vieles mehr sehen können. Sein Leben wird bunt sein. Vielleicht ist das Meer des Blinden rot, doch das ist ganz unwesentlich, denn es ist sein eigenes Meer. Und er sieht es so, wie er es sehen möchte. Als Quelle seiner selbst. Seine Gefühle sind mit ihm verbunden und malen ihm die schönsten Bilder.

Doch das blinde Herz hat kein Gefühl, es hat keine Bilder. Für das blinde Herz wird der Spiegel eine andere Bedeutung haben. Das blinde Herz stelle ich vor einen Spiegel und es wird sich sehen können. Es erblickt ein Aussehen, es sieht seine Funktion, aber es kann nicht sehen, was es erschaffen kann, das könnte es nur, wenn es den Mut hätte, sich zu öffnen. Das Spiegelbild des blinden Herzens werde ich sein. Ich werde es genau widerspiegeln. Weiß das Herz nicht, wie es Glück und Liebe empfinden kann, werde ich ihm all meine Abneigung entgegenbringen, bis es sich nach Glück und Liebe sehnt. Denkt das Herz, Gefühle anderer sind nichts wert, werde ich es achtlos behandeln und andere ihm vorziehen, Ich werde ihm zeigen, was es nicht kann, damit es fühlen lernt und sich öffnet. Und denkt das Herz, es kann hernehmen und wegstoßen, um sein Ego zu stärken, lasse ich es ebenfalls allein und stoße es weg, nachdem ich ihm eine tolle Zeit beschert habe. Das tue ich solange, bis es lernt, sein Ego zu besiegen und zu denen zurückzukehren, die es wirklich liebt, um endlich zu dem zu stehen, was ihm wirklich guttut und was es schon immer wollte.

„Auch wenn ich dir keinen Blick schenken kann, ich sehe dich."

Das reicht mir aber nicht, ich werde nicht mehr warten, bis ich einen Blick von dir bekommen kann. Und du wirst dir wünschen, dass ich dich noch ein letztes Mal angesehen hätte. Nur auf diese Weise hat das Herz eine Chance jemals sein Licht wiederzufinden.

Ein langer Prozess wartete auch im darauffolgenden Leben auf mich. Bis ich mich auf dieser Bank wiederfand und alles mit anderen Augen sehen konnte. Von da an war ich **bemüht**. Ich erkannte, wie wichtig es ist, sich in seinem Leben zu bemühen, für Genuss zu kämpfen und nach kleinen Erfolgen selbst zu belohnen. Dieses Leben war zu ertragen, doch ganz am Ziel war ich noch nicht.

Die Bank

Die Bank, sie war schon vor uns hier. Auf ihr saßen schon so viele. Die Bank, ich hatte sie ganz vergessen. Sie sieht sich jede Nacht den Mond über der Stadt an. Sieht zu, wie einsame Menschen an ihr vorüber nach Hause laufen. Hört Gespräche und spürt Tränen. Sie diente vielen schon als Zuflucht oder treuer Treffpunkt. Diese Bank war schon vor uns hier.

Auf einer schmalen Straße steht sie, ihre Versuchung ist der Ausblick, den sie den Sitzenden gewährt. Einst saß ich auf ihr. Ich saß da und mein Leben veränderte sich ab diesem Zeitpunkt. Ich stand von ihr auf und sah die Dinge mit anderen Augen. Es ging mir so schlecht, ich war so verloren, so einsam, so kaputt und innerlich zerrissen. Es war nicht die Schuld dieser Bank, sondern die meines Gegenübers, dass diesen Schmerz in mir auslöste.

Viele Jahre gingen dahin. Und ich dachte nicht mehr an diese Bank. Nur der innere Schmerz fühlte sich in mir so wohl, dass er sich einnistete. In mir Einzug hielt und nicht mehr verschwinden wollte. Bis heute gelang es mir nie, diesen Zeitpunkt so klar herauszufiltern. Immer war ich wirr im Kopf und grün hinter den Ohren und ging mit nicht zu Ende gedachten Träumen durch die Welt. Immer diesen tiefen Schmerz in mir dabei. Und so folgte künftig ein Schmerz auf den nächsten. Jahrelang, fast ein Jahrzehnt zwischen Verlassenwerden, Vermissen und Sehnsucht nach Liebe und Nähe, um dann wieder verlassen zu werden. Eine nicht enden wollende Spirale, welche den Turm der Demut in mir höher und höher wachsen ließ. Ich war nicht mehr dieselbe. Hatte meine Blicke verschlossen. Hatte mich selbst eingeschlossen mit all den schmerzenden Wunden tief in mir.

Nur schwer konnte jemand bewusst und tief zu meinem Leben vordringen. Alle hinterließen Spuren. Meine innere Stimme sagte mir jedes Mal schon am Anfang, wie es enden würde.

Diese Stimme überhören und dem Neuen, das kommt, offen entgegentreten? Keine Chance!

So ging es dahin. Bis ich am unausweichlichen Abgrund stand. Das sollte es noch nicht sein, das Ende. Das konnte es nicht sein. Da war noch etwas. Ein winziger, kaum spürbarer Funke der Hoffnung, der meinen Kampfgeist und alle meine Kräfte ein letztes Mal dazu aufrief, meine Mauern zu durchbrechen. Wenn ich jetzt nicht nach diesem letzten Seil greifen würde, wäre ein Absturz gewiss, da war ich mir sicher. Also wagte ich es ein allerletztes Mal und diesmal allein nur für mich. Ich ergriff das Seil und baute mich nach und nach wieder auf. Einer der schwersten Wege meines Lebens. Abgemattet, müde und schlapp erreichte ich nur schwerfällig kleinere Ziele, doch es ging voran. Stillstand nahm ich nicht mehr in Kauf. Ich bemühte mich kontinuierlich. Voran und weiter voran, es gab nur noch eine Richtung. Es gab keine andere Wahl, ich ließ keine andere Option mehr zu. Auf diesem harten Weg begegnete ich meiner eigenen Vergangenheit. Mir wurde klar welchen Menschen, die Zeit seitdem aus mir geformt hatte und wie unbekannt ich mir selber geworden bin. Ich begegnete einem selbstdarstellerischen Menschen, einer harten Fassade, hinter die niemand zu blicken wagte. Ich begegnete tiefen emotionalen Wunden, welche nicht bereit waren zu heilen. Es war hart für mich. All diese gesagten Worte, die in meinem Kopf widerhallten und diese Vergangenheitsfetzen, die ich wieder und wieder durchging, um hinter sie zu blicken und sie wie verlorene Puzzleteile zusammenzusetzen. Es gelang mal besser, mal schlechter und häufig hatte ich den Eindruck, es geht zu langsam. Stillstand durfte doch nicht sein. Mein Bemühen wuchs stetig. Vielleicht ein Zeichen dafür, dass ich doch auf dem richtigen Weg war. Umso stärker mein Bemühen, desto schwächer mein Körper und mein Geist. Es warteten Prüfungen auf mich, denen ich mich stellen musste, um meinen Bemühungen neue Kraft zu schenken. Nicht unterkriegen lassen, auf gar keinen Fall resignieren. Wenn doch die Tränen kamen, dann erst am Abend, wenn ich allein im Bett lag. Ich ließ nur wenige schwache Momente zu. Dafür war das hier einfach alles zu wichtig. Es sollte nicht umsonst gewesen sein, so gelitten zu haben. Es musste etwas Gutes aus alle dem hervorgehen.

Auf der Suche nach dem Ursprung meiner schmerzlichen Erfahrungen fiel ich trotzdem häufig noch in kleinere Löcher, aus denen ich mich aber gerade noch rechtzeitig herauswinden konnte. Mein Ziel, mich selbst wiederzufinden, hatte ich immer vor Augen. Soviel Bemühungen mit Menschen, dem Alltag und mir selbst- es musste einen Sinn haben.

Bei den Nachforschungen, welche ich betrieb, stieß ich auf ein Foto. Meine Großeltern saßen darauf auf einer Gartenbank. Die Beine unter einer Decke, die Hände -aneinander haltend – auf der Decke abgelegt. Beide so erfahren, so geprägt vom Leben, so fröhlich, so zufrieden und mit glückseligem Lächeln auf den Lippen. Ihre gutmütigen Augen sahen einer Musikkapelle zu, welche allein für sie spielte. Dahinter die ganze Familie, die dieses Spektakel voller Rührung und Tränen in den Augen verfolgte. Diese Bank, sie war so standhaft wie die lange und glückliche Ehe der beiden. Beständigkeit: Seit wann sehne ich mich nach dir? Zu welchem Zeitpunkt hat die Beständigkeit mich endgültig verlassen?

Da wusste ich es. Noch ein Blick auf das Foto und ich wurde mir noch sicherer. Ich wusste, wohin ich gehen musste, um zu den Wurzeln meines Verlustes zurückzukehren.

Am nächsten Tag fand ich mich bei ihr wieder. Ich stand vor ihr. Vor genau meiner, dieser, jener besagten Bank. Die Jahre hatten auch sie gezeichnet und das Wetter hat ihrem Holz übel mitgespielt. Doch sie stand noch da. So wie immer am gleichen Ort. Mit der Erinnerung in ihrem Holz, das einst auf ihr ein Mädchen saß, dessen Herz entzwei brach. Ich atmete tief – Tränen in den Augen, die Stirn fiebrig – die frische Herbstluft ein. Es war sogar fast der gleiche Zeitpunkt im Jahr wie damals, nur zwölf Jahre später. Ich flüsterte der Bank zu: „Habe ich bei dir etwas zurückgelassen?" Natürlich konnte sie mir nicht antworten. Ich setzte mich bedächtig auf sie und mich überkam eine Gänsehaut. Die Bank war wie ein Denkmal, welches ich über all die Jahre ganz vergessen hatte. War ich bei den Wurzeln angekommen, bei der

Quelle meines traurigen Ichs, das sich über all die Jahre da aus mir herausfilterte. Ich blickte auf die Stadt und ließ zu, dass kurze und prägnante Erinnerungen mich durchfluteten. Es war, als würde die Bank dadurch zu mir sprechen. Sie half mir zu erkennen, dass immer wiederkehrende Situationen, die dieser ersten Situation damals auf der Bank glichen, mein Leben prägten. Sie zeigte mir auf, dass bestimmte äußere Umstände und Begegnungen stets aufs Neue starke emotionale Reaktionen bei mir hervorriefen, dass sie mich triggerten und in mir genau diesen Prozess auslösten, in dem ich mich nun befand. Aber jetzt konnte ich die Fesseln lösen. Ich sah mich vor meinem inneren Auge als junges Mädchen, erlebte erneut, welch ein Schmerz sich nach diesen Worten meines Gegenübers in mir ausbreitete und wie verloren ich war, als ich von dieser Bank wieder aufstand. Umso stärker und wertvoller fühlte ich mich nun zu diesem Zeitpunkt, denn mein Widerstand und meine Bemühungen haben gezeigt, dass die Zeit mich noch nicht vollkommen verformt und ich mich noch nicht ganz verloren hatte. Ein winziges Stück war noch da und es sehnte sich danach, mit mir selbst wieder ein Ganzes zu bilden. Dieses winzige Stück hat mich hierhergeführt. Ich blieb hartnäckig und nun werde ich belohnt dafür. Ich schenke meiner Umgebung ein dankbares Lächeln und streiche mit meinen Händen über das alte morsche Holz. Damals ging ich von diesem Ort und ließ ein Stück von mir hier, irrte seitdem durchs Leben, ohne mich jemals ganz zu fühlen. Doch dieser Ort ist kein Mahnmal. Er ist ein Ort der Dankbarkeit, ein Ort der Belohnung für all meine Mühen. Nun erhebe ich mich von der Bank und werde nichts von mir zurücklassen außer der Erinnerung. Ich nehme den Teil von mir, der hier zurückgeblieben war, nun wieder mit. Und Energie durchströmt meinen Körper: sie wird mir auf dem langen und steinigen Weg, der noch vor mir liegt, eine gute Hilfe sein. Nun verstehe ich endlich, dass wir damals zwar auf dergleichen Bank saßen, jedoch in verschiedene Richtungen blickten. Ich verzeihe dir den Schmerz, den du damit in mir ausgelöst hast. Alles verdanke ich nur dieser Bank. Sie war schon vor uns da und ich wünsche mir, dass sie noch dort stehen wird, wenn ich einst nicht mehr hier auf Erden sein werde. Doch vielleicht werde ich sie in den kommenden Jahren noch ein paar Mal besuchen kommen, um mich daran zu erinnern, dass sie mich auf einen schwierigen Weg der Selbstfindung geschickt hat, um mich am Ende wieder ganz werden zu lassen.

(In Erinnerung an das Jahr 2007, in dem du mein Herz gebrochen hast, während ich die Herzen anderer brach.)

Triggern= einen [Schalt]Vorgang mittels eines Triggers auslösen.

Meiner Seele standen noch weitere Vorhaben und Leben bevor, die mich einiges lehren sollten. Häufig handelte es sich um Leben, die nicht angenehm verliefen, aber lehrreich waren. Wieder war ich ein junger, herrschsüchtiger Mann, der von etwas magisch angezogen wurde. Ich war geblendet davon, meinte, ohne dieses Etwas nicht sein zu können bis es mir vom Mond höchstpersönlich genommen wurde. Die Leere, die sich in mir ausbreitete, zog **die Wertschätzung** nach sich. Nur durch den Verlust eines Steines konnte ich sie erlernen.

Mondstein

Es fiel einst ein Stein vom Himmel, ein Junge ihn schnell fand.
Nur er hat ihn finden können, trug ihn fortan in seiner Hand.
Mit diesem Stein, so dachte er, fühl ich mich besser, fühl ich mich gut.
Mit diesem Stein habe ich mehr Kraft, mit diesem Stein habe ich mehr Mut.

Manchmal wurde ihm gar Angst und Bang vor all der Energie,
dann schmiss er ihn in eine Ecke und dacht': „Dich wollt ich nie!"
Doch ohne diesen Stein fühlt er sich nicht komplett, ohne ihn wird's schwer im Herz, denn nur er ist zu ihm nett.
All die Macht des Steines nahm er sich deshalb wieder. Alle waren nett und es stärkte seine Glieder.
So ging er lang durchs Leben und benutzte und vergas, legte ihn ab und nahm ihn her und kannte gar kein Maß.

Als ob der Stein nur für ihn da sei, nutze er ihn schamlos aus, spielte fortwährend damit oder ließ ihn nur zu Haus.
Doch niemals dacht er daran zurück, wo er ihn gefunden hatte, ob ihn jemand vermisste oder gar vor Sehnsucht erstarrte.
Auch nicht stellte er sich die Frage, wieso ER ihn ausgerechnet fand, und so war der Stein selbstverständlich und für ihn auch keine Schand.
Der Junge so, tagein tagaus, ein Hin und Her damit vollzog. Der Stein jedoch bekam viele Kratzer und litt größte Not.

Hatte er doch einst so wundervoll geglänzt, fehlt ihm nun eine Ecke und das funkel ist ihm nicht mehr vergönnt.
Dem Jungen jedoch fällt das nicht auf, er nahm ihn immer wieder her, als ob die Kraft des Steines etwas Selbstverständliches wär.

Immer wieder half er ihm treu in seiner Hand, bis er wieder aufs Neue in einer Schublade verschwand.

So manches Jahr und auch mal zwei, das schaffte er allein, doch am Ende brauchte er immer wieder diesen Stein.

Doch wo der Stein nun fehlte und wer ihn dort vermisste, diese Gedanken sperrte er in eine Kiste.

Im Himmel waren alle über viele Jahre ganz aufgeregt, da hatte sich doch wahrhaft ein Mondstein wegbewegt.

Der Mond, untröstlich war er fortan immer mehr. Ein Teil von ihm war weg und er fühlte sich sehr leer.

Alle Geister, alle Sterne, alle Engel aus der Ferne setzten sich suchend in Bewegung, damit der Mond braucht keine Regung.

Weil er doch so traurig war und alle Kometen hier und da so wunderschön nur funkelten und alle weinend schunkelten.

Viele Jahre ging das Dilemma und keiner wusste Rat oder Lösung, bis plötzlich ein alter Pfad den Weg zur Erde auftat.

Dort hatten sie noch nicht gesucht, also ging sie los die Flucht.

Der Mond, die Sterne hinterdrein und ein, zwei kleine Engelein, die Kometen vorneweg und keiner kannte das Versteck.

Der Junge war ein toller Mann mit Frau und Kindern nebendran. Den Stein, den konnte er nie verlassen, doch bald sollten alle ihn dafür hassen.

Es gönnte keiner ihm die Wichtigkeit des Steins. Alle redeten auf ihn ein, er wäre nicht seins.

Der arme Stein, er liebte den Jung, er machte alles möglich und zauberte sich dumm.

Dann wurde er unglücklich, in Schubladen und Ecken geschoben, um dort zu warten, bis der Junge ihn wieder holt nach oben.

Ein klägliches Dasein führte er jahrelang, obwohl er doch als edler Verwandter des Mondes sich besann.

Der Mondstein, so wunderschön mit Kraft und Macht, so leuchtend hell das Feuer er entfacht.

Das Gefühl, das Stein und Junge sich gaben, war eines, das viele Menschen auf der Erde so nicht haben.

Sie schenkten sich Aufmerksamkeit und zogen sich magisch an. Keiner wollte ihn verlassen, diesen verzauberten Bann.

Doch unser Mondstein leidet schwer, gibt er doch immer nur und nimmt der Junge ihn her.

Wie gern würde er in seiner Hosentasche bei ihm getragen werden oder hinter Glas gepflegt, auf einem Samtkissen, beleuchtet wie nicht von Erden.

Hochgelobt wäre er so gern und nicht immer nur verpönt, sorgt er doch die ganze Zeit dafür, dass sich alles um den Jüngling dreht.

Traurig ist er, dass er nur dafür da, dem Jungen zu geben, was er will, sobald er's sah.

Der Mond derweilen hier auf Erden kräftig auf der Suche war. Tagelang war Regenwetter, keiner mehr Licht am Himmel sah.

Alle Himmelsfirmamente waren hier zum Menschen gekommen, um sich wieder zu holen, was der Junge da gewonnen.

Jungchen wusste nichts vom großen Suchen, dachte kaum darüber nach, wollt so oft den Stein verfluchen.

Versuchte häufig, es ohne Stein zu schaffen, doch nichts ging wirklich gut und alle zogen ihre Waffen.

Er konnte nicht, er wollte nicht ohne den Mondstein sein, das redete er sich ein.

Der Wind, er tobte, das Meer, es brauste, die Gewitter grollten, die Blitze sausten.

Finsternis breitete sich aus, es wurde gar nicht hell, keiner fand Erklärungen, allen ging es zu schnell.

Was genau diese Verbindungen waren, und warum es war alles so verheerend, konnte nicht einmal der Belesenste erklären.

Viele Jahre zog der Mond durchs Land, bis er schließlich den Jungen fand.

„Gib ihn mir wieder, diesen Stein, kannst ihn nicht beherrschen, bist doch viel zu klein. Seine Macht, sie überwältigt dich, doch du Einfaltspinsel sahst dies nicht.“

„Ich brauche ihn hier bei mir und nur zur Sicherheit, du musst ohne den Stein zurück und ich weiß, dein Weg ist weit, doch ich brauche ihn, kann ohne ihn nicht sein.“

„Nein, du dummer Junge – das ist MEIN STEIN!

Sieh nur, was du angerichtet, verkratzt ist er und leuchtet kaum, er gehört wieder in den Himmel.“

„Aber ich fand ihn unter einem Baum.“

„Weshalb auch immer er zu dir gekommen, nun ist die Zeit vorbei, hast ihn nicht gepflegt, also vergiss dein Geschrei.

Ich nehme ihn mit und damit Schluss. Weiß, wie ich mit ihm umgehen muss.“

„Aber guter Mond, dann bricht es über mich herein, denn ohne diesen Stein, kann ich nicht sein.“

„Du wolltest ihn doch sowieso nie ganz, immer nur für deine eigene Arroganz. Also schweig und zieh dich zurück. Dieser Stein findet nun im Himmel wieder Glück.“

Der Mond, er ging mit Pauken und Trompeten und alle leuchtend hinterdrein, führten den Stein feierlich in den Sternenhimmel rein.

Der Mond platzierte ihn behutsam. „Willkommen daheim, mein Stein, hier musst du niemals – so wie auf Erden- allein sein.“

Der Stein, er kehrte heim, in seligem Geleit. Alle waren für ihn da, jeder hatte für ihn Zeit.

Der Junge richtete von da an jeden Abend Blicke hoch zum wolkenverhangenen Mond mit einer Bitte.

„Bitte komm zurück zu mir, geht es dir dort wirklich besser? Geglüht hast du in meinen Händen wie in des Schmiedes Glut ein Messer.

Wie lang lässt du mich allein und find ich dich einst wieder? Wieso hast du dich auf die Reise zu mir gemacht, wieso fand ich dich und warum belebst du meine Glieder?

Es ist fast so, als müsst es so sein und als wäre es nie anders gewesen. Du und Ich, ich will es schreien, komm zu mir, du schöner Stein.

Nie werde ich diese Zeit vergessen, die Magie, die du mir gabst, ach, war ich dumm und doch besessen, wenn ich dich in Ecken vergaß.

Nun wäre ich ganz anders zu dir, würde dich pflegen und niemals überlasten. Würde dich hüten und beschützen und niemals dich mehr gehen lassen.

Hab nun begriffen, was du bedeutest, weiß nun, was ich dir antat, gib mir noch eine letzte Chance, bitte antworte mir. Manchmal habe ich das Gefühl, als wärest du noch hier."

Und der Mondstein glüht nur schwach vor lauter Sehnsucht an die Zeit, doch auch weiß er ganz genau, für eine Rückkehr ist es nicht so weit.

Auch wenn das Steinchen niemals diesen einen wird vergessen, so muss es sich nun schützen vor noch mehr Schrammen und im Schoß des Mondes seine Wunden messen.

Wenn es dem Mondstein einst geht besser, ist vielleicht der Jüngling auch soweit und schätzt ihn etwas mehr, doch das zeigt nur die Zeit.

Der Mondstein lebt von der Magie, dass er wird gebraucht. Der Junge doch, vergesst das nie, er lebte für ihn auch.

Der Junge brauchte ihn und nutzte ihn gern aus, auch dieses bittersüße Leid macht ein Leben kaputt wie einen Hauch.

Im Inneren verspüren beide den Wunsch, man wagt es kaum zu sagen, sich einst wiederzufinden und zu strahlen in allen Farben.

Ich gehörte zwar noch lange nicht zu den alten Seelen, doch ich hatte nun schon einige Erfahrungen auf meinem Weg gesammelt. Danach lebte ich als eine junge Frau, mit wundervollen Erinnerungen an ihre Kindheit. Die sich nie verzeihen konnte, obwohl sie nichts getan hatte. Erst als sich **Dankbarkeit** in ihr ausbreitete und sie auch Dankbarkeit von anderen erfuhr, konnte sie wieder sie selbst sein. Doch auf dem Weg bis zum Genuss stand mir noch einiges bevor.

Karten der Erinnerung

Annabelle sitzt auf dem Beifahrersitz eines roten Chevrolets, als der Wagen ruckartig hält, wird sie aus ihren Gedanken gerissen. Ihr Blick geht hinüber zu ihrer Tante, welche den Wagen fährt, sie sieht, wie ihre Tante, mit beiden Händen am Lenkrad, starr geradeaus blickt, als sei sie versteinert. Nun richtet auch Annabelle langsam den Blick nach vorn. Hinter hohen, goldgelben Gräsern und einem verwilderten Garten sieht man die weißen Fenster auf den rot gestrichenen Holzschindeln leuchten. „Wir sind da!", ertönt es vom Fahrersitz. Die beiden schauen sich an. „Kommst du nicht mit bis zur Tür?", fragt Annabelle ihre Tante. Diese blickt zu Boden und atmet schwer. „Du musst nicht, ist schon gut. Ich steige hier aus und laufe durch den Garten", so Annabelle, die schnell die Situation zu retten versucht.

Ihre Tante schluckt schwer, Annabelle fallen ihre rot unterlaufenen Augen jetzt erst auf. „Es tut mir leid, Annabelle, ich kann nicht, hier hast du den Schlüssel, das Telefon im Haus ist noch angemeldet, wenn irgendwas ist, ruf an und ich komme vorbei. Der Supermarkt ist circa zwei Kilometer von hier entfernt, aber das wirst du ja noch wissen. Wenn der Ofen Schwierigkeiten macht, dann laufe in Richtung Bauerngut zu Herrn Köhler, der kennt sich damit aus und wirft dir das alte Ding wieder an. Bitte erschrecke nicht, wenn alles etwas eingestaubt ist, ich konnte mich bisher nicht überwinden, vorbeizuschauen." „Alles okay, Tante Greta, ich werde mich schon zurechtfinden. Ich melde mich!" „Wie lang wirst du bleiben Annabelle?" „Solange wie ich brauche! Auf der Arbeit waren alle sehr verständnisvoll und sagten, ich solle mir Zeit lassen!"

Annabelle stieg aus dem Auto und unter ihren schwarzen Ballerinas raschelte das ausgetrocknete Gras, das unter der Hitze des Sommers gelitten hatte. Mit ihrem Gepäck in der rechten Hand schlug sie die Kofferraumklappe zu. Dann schaute sie noch eine Weile ihrer Tante und dem immer kleiner werdenden Chevrolet hinterher, bis das Auto hinter dem Horizont verschwunden war und die letzten Staubwolken über der Schotterstraße sich gelegt hatten.

Immer noch stand sie da wie angewurzelt, sie drehte sich um zum Haus, schloss die Augen und hörte die Grillen auf den umliegenden Feldern zirpen. Wenn sie aufmerksam hinhörte, konnte sie zwischen Vogelgesängen und Grillenzirpen sogar fast noch ihr eigenes Kinderlachen hören, als sie damals bei der Apfelernte im Garten zwischen Bäumen und prall gefüllten Körben herumrannte. Annabelles Hand umschloss nun den Koffergriff noch etwas fester, mit einem tiefen Atemzug öffnete sie ihre Augen wieder und setzte jetzt den ersten flinken Schritt über die hohe Wiese in Richtung Haus.

Dem Garten konnte man ansehen, dass ihre Großmutter ihre letzten Monate nur noch im Bett verbracht hatte. Doch trotz des überwuchernden Unkrauts hatte er noch immer seine Schönheit von früher. Annabelle stieg die fünf Stufen zur Veranda hinauf, von denen jede ein anderes knarrendes und quietschendes Geräusch erzeugte. Das Geländer der Veranda war abgegriffen, der weiße Lack splitterte an den Fensterläden ab, die Topfpflanzen vor der Eingangstür bestanden nur noch aus braunen Stielen und die Verandaschaukel bewegte sich sanft im Wind, so als ob ein Unsichtbarer auf ihr schaukeln würde.

Das vom Wind leicht erfasste Windspiel erzeugte ein zart klingendes Geräusch. „Hallo Omi, hallo Opa", flüsterte sie bedächtig in den Wind, bevor sie den rostigen großen Schlüssel im Schloss umdrehte und sich Zugang zum Haus verschaffte.

Sie betätigte den Schalter im Foyer neben der Eingangstür und als das Licht tatsächlich anging, fiel ihr ein Stein vom Herzen und sie atmete erleichtert auf. Den Koffer und die Tasche ließ sie erst einmal im Foyer stehen und dann wanderte sie langsam von Raum zu Raum durchs Haus.

In der Küche roch es noch nach Hagebutten und selbstgebackenen Keksen, im Wohnzimmer nach Vanille und Pfeifentabak.

Auf dem Flügel hatte sich eine hohe Staubschicht angehäuft und alle Bilder, die darauf standen, konnte man nur noch durch einen Schleier erkennen. Die große Wanduhr war stehen geblieben. Annabelle öffnete in jedem Raum die Fensterläden und fühlte, wie das Haus langsam wieder anfing zu atmen und Luft zu bekommen. Nach einem Tee auf der Veranda trug sie ihr Gepäck nach oben in ihr altes Zimmer und packte ihre Kleidung aus. In diesem Haus hing sie in jeder Ecke und jedem Winkel alten Erinnerungen nach. All dies strengte sie unglaublich an, all die Emotionen, Gedanken und Erinnerungen saugten ihr ihre Energie geradezu aus. An diesem Abend fiel sie schnell in einen tiefen Schlaf und der Geruch der gemangelten Bettwäsche, die sich noch im Wäscheschrank befand, ließ sie noch mehr in ihre Kindheitserinnerungen eintauchen.

Annabelle wuchs nach dem frühen und plötzlichen Tod ihrer Mutter bei ihren Großeltern auf. Ihre Großeltern waren für sie wie ihre Eltern. Ihren Vater kannte sie nicht und an die Mutter konnte sie sich kaum erinnern, weil sie damals noch zu klein gewesen war. Die ältere Schwester der Mutter, Annabelles Tante Greta, wohnte ebenfalls einige Jahre bei ihnen, bis sie heiratete, in die Stadt zog und eine eigene Familie gründete. Annabelle verbrachte die schönsten Stunden und die abenteuerlichsten Ferien, erlebte die tiefsten Freundschaften und auch den schlimmsten ersten Kummer in diesen Räumen. Sie half bei der Apfelernte und ihre Großmutter backte aus den Äpfeln den köstlichsten Kuchen. Sie hielt die Leiter, wenn der Großvater Nägel in die losen Schindeln schlug, sie rannte mit ihren Freunden die Wiesen auf und ab, bewaffnet mit Schmetterlingsnetzen und dem eifrigen Ziel, den schönsten Schmetterling zu fangen. Sie kletterte mit viel zu großen Gummistiefeln die rutschigen Steine am Bach entlang, während der Großvater angelte, und abends lauschte sie von der Verandaschaukel aus den sanften Klavierklängen ihrer Großmutter, die aus dem Wohnzimmer heraus in den Nachthimmel stiegen.

Ihr geliebter Großvater starb unerwartet durch das Hochwasser vor zwei Jahren, seitdem hatte ihre Großmutter ein gebrochenes Herz und erholte sich nie mehr davon, bis sie vor sechs Monaten nach einer schlimmen Lungenentzündung schließlich selbst die Augen für immer schloss. In ihren letzten Lebensmonaten wurde Großmutter von Tante Greta, die wieder in ihr Elternhaus gezogen war und ihre Familie alleinlassen musste, gepflegt. Sie ist nach dem Tod ihrer Mutter zu Mann und Kind zurückgekehrt. Danach fiel es ihr sehr schwer, dieses Haus noch einmal zu betreten.

Am nächsten Morgen hing Annabelle ihren Gedanken um Tante Greta nach, während sie auf der Veranda saß: Erst musste sie so zeitig ihre Schwester verlieren, Jahre später der Verlust des Vaters verkraften und am Ende noch die eigene Mutter beim Sterben begleiten. Aber auch Annabelle ist das damals alles sehr nahegegangen, schließlich waren die beiden wie ihre Eltern und sie war zu wenig da gewesen in Zeiten, in denen ihre Hilfe wahrscheinlich gebraucht worden wäre. So weit weg hatte sie eine Arbeit angenommen, neue Freunde gefunden, eine Wohnung bezogen und sich ein eigenes Leben aufgebaut. Sie war jetzt 26 Jahre und von ihrem Beruf bei einer großen Zeitung so in Anspruch genommen, dass sie alles andere hintanstellte. Zwar hatte sie die Großmutter einmal in der Woche angerufen, aber in ihr kreiste nun immer wieder der vorwurfsvolle Gedanke, dass sie doch hätte mehr tun können. Als sie ihren Gedanken nachhing, riss sie eine Stimme wieder in die Wirklichkeit zurück.

„Bella, du bist ja eine wunderschöne junge Dame geworden", ertönte die laute und kräftige Stimme der Frau des Bauern Köhler, die ein paar Kilometer entfernt wohnte. „Meine liebe Bella, ich habe dir einen Korb mit Leckereien zubereitet, damit du mir hier nicht vom Fleisch fällst!", verkündete sie, während sie Annabelle zwischen ihre Brüste drückte und ihr damit fast die Luft zum Atmen nahm. Nach einem viel zu langen Gespräch mit der neugierigen Frau Köhler, welche Annabelle beinahe einen halben Kuchen zu essen zwang, machte sich Annabelle mit leichten

Magenschmerzen an die Arbeit, denn schließlich war sie nicht ohne Grund wieder hierhergereist. Nachdem die Beerdigung ihrer Omi vorüber war, wurde sie von Greta gebeten, im Haus die restlichen Sachen, die sie haben möchte, zusammenzupacken! „Alles, was mir wichtig war, habe ich eingepackt, den Rest hinterlasse ich für dich. Nimm dir, was auch immer du brauchst. Für alles andere wird es keine Verwendung mehr geben. Ich muss das Haus verkaufen, da ich es nicht unterhalten kann und Tom und ich sowieso nicht mehr hierherziehen wollen!" Das waren damals Tante Gretas Worte.

Annabelle stellte ein paar leere Kartons, welche sie auf dem Dachboden fand, zusammen und arbeitete sich von unten nach oben und von Raum zu Raum vor. Aus dem Wohnzimmer ein paar herzzerreißende Bilder und Fotos, aus dem Arbeitszimmer ein paar Schallplatten, die ihr Großvater gerne hörte, aus der Küche die Kuchenformen, in denen die Omi Köstlichkeiten zauberte. Alles in allem wählte sie die Stücke bedächtig aus, doch hätte sie gleichzeitig weinen können über all die vielen anderen Sachen, die sie zurücklassen musste. Irgendwie hängt doch an allem so ein bisschen das Herz. Sie staubte auch den Flügel ab und die Fensterstöcke, verpackte Teller und Gläser in Zeitungspapier und warf über die Polstermöbel und Schränke weiße Lacken, um sie ein wenig vor der Vergänglichkeit zu behüten. Zu guter Letzt war ihr eigenes Zimmer an der Reihe. In einer Schublade ihres Schreibtisches fielen ihr die Spielkarten in die Hände, die ihr der Opa einmal gekauft hatte. Er hatte ihr so ziemlich jedes Kartenspiel und auch Schach beigebracht. Annabelle lehnte sich an die Wand und sank mit ihren Knien langsam zu Boden. Hatte sie nur genommen und bekommen oder hat sie auch etwas gegeben? Sie kam sich so nutzlos und so eingebildet vor. Sie blätterte die Spielkarten durch wie ein professioneller Pokerspieler, auch das hatte er ihr beigebracht. „Falls du mal eine Karriere im Casino anfängst!", hatte er lachend gesagt.

Da fiel ihr eine der Karten aus der Hand und gleitete sanft zu Boden. Sie blickte der Karte hinterher, als sie sich plötzlich in der Stadt wiederfand. Verwirrt schaute sie sich um. Was war passiert? „Annabelle!", hörte sie die Stimme ihres Großvaters. „Die Straße ist nicht der richtige Ort zum Träumen, lauf schneller, bevor dich noch ein Auto erfasst!" Annabelle staunte, als sie an sich heruntersah, der rote Mantel, den ihre Oma genäht hatte, passte ihr, und Opa war auch da. Sie überquerte lächelnd die Straße, um ihren Großvater in die Arme zu schließen, als sie ihr Spiegelbild in einem Schaufenster sah und erschrocken feststellen musste, dass sie wieder das kleine neunjährige Mädchen mit den dunkelblonden Locken war, die jeden Tag machten, was sie wollten, und den roten „Apfelbäckchen". Wie Oma ihre Wangen immer nannte! Was war da geschehen? War sie durch die Zeit gereist? Spielte ihr Bewusstsein ihr gerade einen Streich? „Möchtest du mit mir schauen, was es in dem Geschäft zu kaufen gibt?", erklang die tiefe und doch sanfte Stimme ihres Großvaters, der mittlerweile neben ihr vor dem Schaufenster stand. Annabelle blickte ihn an, jede Falte in seinem Gesicht, die eisblauen, kleinen Augen, die unter den buschigen Augenbrauen hervorblitzten, einfach jedes Detail. Als er so vor ihr stand, so lebendig und echt, schossen ihr die Tränen in die Augen. „Aber na!", sagte der Großvater, „Was machst du da für ein langes Gesicht? Komm, wir schauen einmal, ob wir in diesem Geschäft etwas finden, das deine Laune hebt!" Annabelle dachte nicht mehr an das „Warum" und diese seltsame Situation, sie beschloss, jeden weiteren Moment, in dem sie sich in diesem wirklich lebendigen Traum befand, einfach nur noch zu genießen.

Die Glocke der Eingangstür erklang und während der Opa den üblichen Pfeifentabak heraussuchte und sich mit der Verkäuferin unterhielt, schlich Annabelle durch die Gänge, immer ein Auge auf den Großvater gerichtet, auf dass er nicht wieder verschwand. Ihr Blick richtete sich gerade auf die Spielkarten, als es ihr klar wurde. Sie war an den Tag zurückgereist, an dem sie diese Spielkarten von ihrem Opa erhielt. Und da kam er auch schon und sagte: „Ich kann dir das Spiel beibringen, wenn du möchtest. Der Herbst hat begonnen und bald wird es abends schnell dunkel und kalt. Oma kann uns dann Kakao kochen und wir spielen vor dem Kamin Karten!" „Das wäre das Schönste für mich,

Opa!", hörte sich Annabelle sagen und wieder hätte sie fast geweint. Opa fiel der finstere Blick auf, er beugte sich zu Annabelle hinunter und sprach: „Meine Sternschnuppe, was ist heute mit deinen Augen los, wo ist ihr Funkeln? Was bedrückt dich?" Annabelle sah ihre Chance. „Opa, bin ich eine Last für euch? Du und Oma, Ihr hättet vielleicht ein so viel schöneres Leben, wenn ich nicht bei euch wäre?" Annabelle schämte sich schon fast für diese Gedanken und blickte zu Boden. „Sternschnuppe!", begann Opa ganz entsetzt: „Wie kommen solche Gedanken in deinen hübschen Kopf? Du bist ein Teil von uns, es ist, als wäre deine Mutter noch hier, wenn wir dich jeden Tag sehen, und das ist eines der größten Geschenke für uns!" Er streichelte ihr über die wilden Locken und fuhr fort: „Du bist ein ganz besonderes kleines Mädchen und du gibst uns jeden Tag so viel Freude und Kraft, Oma und ich können noch viel von dir lernen. Und niemals würde ich jemals wieder darauf verzichten wollen, dass du bei uns bist! Du wirst mal eine hübsche junge Dame werden und einen großartigen Job haben, mit dem dir die Welt offen stehen wird. Die Zeit, in der du uns verlassen wirst, um deinen eigenen Weg zu gehen, wird kommen, noch bevor wir dich verlassen müssen. Und genauso muss das auch sein. Komm, mein Sternchen, wir fahren zu Oma, und ich lerne dir das Kartenspielen!" Annabelle war erleichtert. Diese Worte hat sie gebraucht. Es war für die Großeltern in Ordnung gewesen, dass sie wegen ihrer Arbeit weggegangen war.

Opa drückte ihr eine kleine Papiertüte in die Hand, in der sich das gekaufte Kartenspiel befand, und lächelte sie zufrieden an. Die Glocke der Ladentür klingelte, als sie hinaus gingen und Opa nahm sie auf der Straße gerade an die Hand, als plötzlich um sie herum alle Menschen die Farbe verloren und grau wurden. Da blickte sie zu ihrem Opa hinauf und auch er erschien ihr ganz verschwommen, nur ihr rotes Mäntelchen leuchtete noch. Sie kniff die Augen zu.

Als sie ihre Augen öffnete, fand sie sich an der Wand lehnend in ihrem alten Zimmer wieder. Die Spielkarten hatte sie in der

Hand. Eine Träne lief ihr über die Wange. Was auch immer es war, sie war dankbar für diesen Traum. Noch immer konnte sie die Wärme von Opas Hand spüren, die gerade noch ihre gehalten hatte. Eine dicke Träne tropfte auf ihren roten Samtrock, sie strich andächtig darüber. Diesen Rock hatte sie sich aus dem Stoff des Mantels genäht, welchen sie damals von der Oma bekommen hatte. Es fiel wieder eine Karte zu Boden, welcher Annabelle hinterher sah.

Als sie nach oben blickte, fand sie sich im Wohnzimmer wieder und es schien, als sei es der Weihnachtsmorgen. Annabelle hielt eine große Tasse heiße Schokolade in ihren Händen, im Kamin flackerte ein Feuer. Oma hatte ihr die wilden Locken am Morgen zu anständigen Zöpfen geflochten und ihr die weiße Bluse zum Anziehen herausgelegt. Alle vier – Tante Greta, Opa, Oma und Annabelle – trugen Rote Zipfelmützen. Ein himmlischer Duft von Gebackenem und Braten erfüllten das Haus. Festliche Klaviermusik erklang aus Opas Plattenspieler und in der Küche war das geschäftige Treiben von Tante Greta und Oma zu hören. Opa beräumte den Schnee von der Veranda. Annabelle war so dankbar dafür, dass die nächste Karte sie nun genau in diese Erinnerung zurückschickte, denn es war eine der besten Erinnerungen, die sie hatte. Sie lächelte und blickte um die Ecke in die Küche. Da sah sie ihre Oma, die Weihnachtslieder summend von einer Ecke zur nächsten hetzte. Tante Greta saß am Tisch und rührte fleißig etwas in einer Schüssel um. Oma tänzelte an Annabelle vorbei uns stupste ihr etwas Teig auf die Nase. Oma war so fröhlich. Die Tür krachte ins Schloss, Opa kam in die Küche „Na hier riecht es aber wieder gut!" Er zog Oma zu sich und gab ihr einen Kuss. Sie schüttelte sich: „Du bist viel zu durchgefroren, setz´ dich mit Annabelle vor den Kamin, ich bringe dir auch gleich einen Kakao." Während Opa noch etwas schadenfroh mit seinen kalten Händen Oma und Tante Greta ärgerte und aus der Küche viel Lachen zu hören war, streifte Annabelle durchs Wohnzimmer. Sie strich mit den Händen über das Klavier, atmete den Duft des belebten Hauses ein und genoss den Anblick des sauberen und nicht verstaubten Hauses.

Unzählige Bücher im Bücherregal, großartige Familienfotos auf dem Flügel. Die Schneeflocken landeten draußen sanft auf den Fenstersims. Oma hatte das Haus wie jedes Jahr wundervoll geschmückt. Annabelle genoss die Reise zu diesem Weihnachtstag mit ihrer Familie in ihrer Erinnerung mit vollen Zügen. Für Opa war sie die Sternschnuppe, weil ihre Augen funkelten und für Oma war sie immer das Vögelchen, weil sie so schön sang, wenn Oma am Klavier saß. Später am Tag gab es die Bescherung und Oma hatte ihre Geschenke allesamt mit kleinen, goldenen Vögelchen verziert. An diesem Weihnachtstag hatte Annabelle von Oma den roten Mantel bekommen. Und abermals wiederholte sich alles in ihrer Erinnerung so detailliert, als geschähe es wirklich. Als Annabelle den roten Mantel anprobierte, welcher so schön schwang, wenn sie sich drehte, drückte Oma sie fest an sich und küsste sie auf die Stirn. „Deine Mutter wäre so stolz auf dich, wenn sie sehen würde, was für ein hübsches kleines Vögelchen du geworden bist!" Dieses Lächeln von Oma erwärmte Annabelles Herz jedes Mal aufs Neue. „Oma, tut es dir nicht weh, dass du wegen mir immer an sie denken musst?" Da nahm Oma Annabelles Hände fest in ihre. „Deine Mutter wird immer in unseren Gedanken und Herzen sein, mein Vögelchen, einerlei ob es dich gibt oder nicht. Aber du bist der Grund dafür, dass diese Erinnerungen uns nicht weh tun. Die Tatsache, dass es dich gibt und du so unbeschwert und glücklich sein kannst, lässt auch unsere Erinnerungen unbeschwert und glücklich sein! Was auch kommen mag, versprich mir, dass du immer so unbeschwert und glücklich durchs Leben gehen wirst! Versprich mir, dich von nichts und niemanden aufhalten zu lassen, wenn es darum geht, dass du dabei glücklich wirst, bist und bleibst!" „Ich verspreche es dir, Oma!" „Ach, mein Vögelchen!" Wieder schloss Oma Annabelle in ihre Arme und Annabelle wünschte sich gerade, sie könne die Zeit anhalten, als sie die Augen öffnete und sich wieder auf dem Teppich hockend und mit dem Rücken an der Wand lehnend in ihrem alten Zimmer wiederfand.

Nun biss sie die Zähne zusammen. Sie hatte nun alles, was sie brauchte, um weitermachen zu können; die Erinnerungen an ihre Großeltern, die durch diese Zauberkarten auflebten, haben sie gestärkt.

Als nach einer Woche das Haus entstaubt und geräumt war, stand Tante Greta wie verabredet vor der Tür. Sie blieb im Auto sitzen und ließ den Motor laufen. Annabelle stieg ins Auto. „Wo sind deine Sachen und die Kartons mit den Dingen, die du mitnehmen möchtest?", fragte Greta sie verwirrt. „Die lasse ich nun doch hier. Alles, was ich wirklich brauche, sind die Erinnerungen an diese wundervollen Menschen und diese großartige Kindheit, und diese Erinnerungen trage ich immer bei mir." Tatsächlich ging Annabelle mit denselben Koffern, mit denen sie gekommen war. Sie hatte ihren roten, schwingenden Rock, die Spielkarten in der Tasche und all die Wärme im Herzen, die sie brauchte, um diesen Abschied zu überwinden und wieder nach vorn zu blicken. Ein letzter Blick in den Rückspiegel, zu dem Haus, in dem einst Menschen wohnten, die Annabelles Leben so bereicherten und erfüllten, ließ sie lächeln. Wenn Tante Greta das Haus verkauft haben wird, dann werden es neue Menschen mit Erinnerungen und Wärme füllen.

So wurde ich ein Kuss: Kein besonders langes Leben, aber immerhin wieder eine Erfahrung, außerkörperlich über den Dingen zu schweben, um zu lernen, dass es auch Dinge gibt, die Menschen miteinander verbinden ohne, dass man sie sehen kann. Diese Dinge leben in ihren Köpfen und Herzen und kommen nur heraus, wenn man **sich** ihnen **öffnet**.

Wachgeküsst

Du hast mich losgeschickt, auf den Weg. Ich bin unsichtbar, aber ich komme aus deinem tiefsten Inneren. Alles hat sich zusammengetan, alle Mächte, alle Energie, all deine Kraft, um mich hervorzubringen. Nun fliege ich durch die Luft, durch die Gedankenwelten aller Menschen, durch den Himmel, die Wolken entlang. Ich bin auf dem Weg. Es hat dich viel Mühe gekostet, mich entstehen zu lassen. Es war schwer für dich, dieses innere Fenster wieder zu öffnen. Obwohl du es doch immer wieder selbst geschlossen hast. Doch manchmal trifft es dich wie ein Schlag und dann öffnest du dieses innere Fenster wieder ängstlich. Nun bin ich daraus hervorgekommen. Ich bin dein Werk. Und du hast mich mit all den Gefühlen geschaffen, die hinter diesem Fenster schlummerten. Ich bin so zärtlich und bringe alles mit, was man sich nur wünschen kann. Ich bin sehnsüchtig. Ich bin dein, ich komme von dir, aus dir heraus.

Was ist das bloß, das sie gerade so belastet? Als ob ihr etwas von einer Sekunde auf die andere alle Energie heraussaugt. Irgendetwas schwächt sie gerade. Es ist ihr unerklärlich. Sie hat heute frei und schon viel geschafft. Doch nichts davon hätte sie so ermüden können. Spielt da vielleicht ihr Kreislauf verrückt? Erst einmal kurz setzen und etwas Wasser trinken, denkt sie sich. Sie friert, doch kalter Schweiß tritt ihr auf die Stirn. Sie atmet tief ein. Gerade heute, wo sie doch noch so viel zu tun hätte. Ihre Beine fühlen sich an wie Wackelpudding. Die Augen sind schwer und drücken. Draußen schiebt sich eine dunkle Wolke vor die Sonne und im Zimmer wird es schlagartig düster. Das Mittagessen köchelt auf dem Herd vor sich hin. Sie steht langsam wieder auf. Sie atmet noch tief, doch das Essen darf nicht verbrennen. Also hoch auf die Beine und ab in die Küche. Der Hunger ist zwar schlagartig weg, aber es muss ja erst mal weiter gehen.

Es kommt ein kühler Wind auf, Gerade haben mich die Sonnenstrahlen noch gewärmt, doch nun wird es finster. Aber das macht mir nichts. Ich werde mich durchkämpfen. Du hast mich losgeschickt und verlässt dich in deinem Unterbewusstsein darauf, dass ich ankommen werde. Und deine Hoffnung werde ich nicht enttäuschen. Du schaust gedankenverloren aus dem Fenster. Schöpfst Kraft, die du gebraucht hast, aus ihrer Quelle, damit dein Tag weitergehen kann und du das Fenster wieder schließen kannst. Du hast ihr ihre Energie gestohlen, damit du es schaffst, mich entstehen zu lassen und danach weiter zu machen wie bisher. Raubst ihr ihre Energie, damit du nun weiter machen kannst, als wäre nichts gewesen. Damit du diesen kurzen Moment der Schwäche wieder vergessen und dich in den Alltag stürzen kannst. Findest du das ihr gegenüber fair? Aber deine Geste ist viel wert, sie ist ein Schritt, den du häufiger machen solltest, aber meistens traust du dich nicht.

Der Teller vor ihr ist leer. Immer noch hat sie mit dem Kreislauf Probleme. Erschöpft räumt sie das schmutzige Geschirr in die Spülmaschine und lässt dabei ein bisschen Musik leise im Hintergrund laufen. Sie ist unglücklich. Was ist das nur? Sie fühlt sich in ihren Plänen durchkreuzt. Innerlich geht sie durch, was sie noch zu tun hätte und blickt prüfend auf die Uhr. Sie redet sich gut zu, was sie schon alles geschafft hat – immerhin ist so ein freier Tag ja auch zum Ausruhen da. Die Zeit lässt es noch zu, sich kurz hinzulegen; vielleicht geht es ihr nach einem Mittagsschläfchen ja wieder besser. Hat mit dem Essen etwas nicht gestimmt? Jetzt wird ihr auch noch schlecht! Wackelig wankt sie in das Badezimmer zur Toilette. Sie hält sich mit den Händen die Augen zu und reibt sich über die Stirn. Ihr Herz pocht spürbar, der Magen tut weh. Ihr ist kalt und die Beine kribbeln. Die Augen schreien geradezu danach, dass sie endlich geschlossen werden. Gedanklich geht sie besorgt durch, was sie die letzten zwei Tage gegessen und getrunken hat, um einen Anhaltspunkt zu finden, doch das hilft ihr nicht. Sie steht von den kalten Badfliesen auf und blickt aus dem Fenster. Wenn sie es nicht besser wüsste, würde sie denken, es ist genau dasselbe Gefühl wie damals. Aber nein: Sowas kann nicht sein. Zu viele Jahre sind seitdem vergangen. Wer weiß, was sie sich da gerade einredet.

Ich kann seine Gedanken von weitem noch sehen, als ich hier so durch die Luft fliege. Ich brauche keine Karte und keinen Kompass, nur den Wind. Er führt mich automatisch zu ihr. Ich bin wie ein Magnet, mein Spannungsfeld haut jeden um. Hat er mich mit seinen Gedanken und Gefühlen vielleicht zu mächtig gemacht? Was wird passieren, wenn ich angekommen bin? Ich sehe da unten all die Menschen mit ihren Gedanken und Sehnsüchten. Sie sind zu beneiden, sie tragen kaum solch tiefe Lasten mit sich herum wie er. Wieso ist ihm nicht klar, wie stark diese innere Sehnsucht ist? Seine Zensur ist kaum auszuhalten. Er verdrängt es. Er schafft es wieder und wieder, so etwas Großes einfach zu verdrängen. So was kann nicht jeder. Vielleicht ist es auch eine beneidenswerte Eigenschaft, aber dennoch macht es mich traurig. Denn wenn so etwas wie ich daraus entstehen kann, dann wäre er doch zu noch viel mehr fähig, sofern er seine Angst überwinden würde. Da trifft mich ein großer, kalter Regentropfen. Auch das noch. Ist diese Macht so groß, dass sie hier gerade alles umdreht, nur damit ich an mein Ziel komme. Bin ich es, wie ich hier so fliege, der bewirkt, dass alles Kopf steht und sogar das Wetter sich komisch verhält. Es war wunderschön warm. Nun ist der Wind eiskalt und es fängt bedächtig an zu regnen. Schaut man in die Ferne, sieht man, dass dort noch die Sonne scheint und wir hier nur von einer dicken Wolke eingeschlossen zu sein scheinen.

Ihre Füße sind eiskalt. Sie kommt aus dem Bad und hört, wie dicke Tropfen gegen ihre Fensterscheibe klopfen. Durch die Wohnung zieht ein eisiger Wind und eine Tür schlägt zu. Sie eilt in das Schlafzimmer und schließt schnell das gekippte Fenster. Dort zieht sie sich gleich noch eine Strickjacke über. So ein eisiger Wind mitten im Sommer. War das Wetter heute so vorhergesagt worden? Die Wohnung hat sich so verdunkelt, dass sie eigentlich Licht anmachen müsste, doch sie kann sich dieser bleiernen Müdigkeit und diesem schweren Gefühl nicht mehr widersetzen.

Mitten im Sommer dreht sie völlig verwirrt die Heizung auf. Sie legt sich auf ihr Sofa und deckt sich mit der Decke zu, so dass nur noch der Kopf hervorschaut. Ihre Beine zieht sie zu ihrem Körper heran. Sie schließt ihre Augen, sie brennen regelrecht. Als sie so liegt und in sich hineinhört, spürt sie ihren Herzschlag und die Rebellion ihres Magens. Sie hört ihren Herzschlag laut in ihren Ohren und wenn er auch recht schnell ist, ist er monoton genug, dass sie auf der Stelle in einen tiefen Schlaf fällt.

Als ich mich so durchschlage durch die dicken Regentropfen und die außergewöhnlich kühle Luft, kommen mir die Orte unter mir bekannt vor. Woher kenne ich sie? Irgendwo habe ich sie schon einmal gesehen. Da fällt es mir schlagartig ein, ähnlich schlagartig wie die dicken Tropfen, die vom Himmel prasseln. Ich kenne sie aus seinem geschlossenen Fenster. Diese Bank habe ich an dem Ort, von dem ich stamme, schon gesehen. Diese Straße, diese Tür, diese Häuser, die leere Gaststube, den Sportplatz, die Wanderhütte: Alles, was ich hier überfliege und sehe, verschließt er hinter diesem Fenster. All das muss mit meinem Ziel zu tun haben. Wieso verschließt er es? Was ist passiert? Warum lässt er es zu, dass seine Angst derart Herrschaft über ihn ausübt? Gerne würde ich das alles herausfinden, aber ich habe nur den einen Auftrag, mein Ziel zu erreichen, sein Ziel, seine Gedanken umzusetzen.

Ihr Körper hat sich in dem tiefen Schlaf nun sehr erwärmt. Sie schläft so entspannt, dass sie tief in ihr Inneres eintaucht. Ihre Träume schnellen hervor und nutzen ihre Chance, in ihr Bewusstsein einzudringen. Ihre Muskulatur ist ganz locker, sie schläft sehr ruhig. Gibt nun ihrem Körper, was er braucht. Sie träumt von ihm, was schon länger nicht mehr passiert ist. An den Traum wird sie sich, wenn sie erwacht, nicht mehr erinnern können – dafür ist ihr Schlaf gerade noch viel zu tief. Doch sie schaut ihm im Traum in die Augen und sieht sein Lächeln. Er hält ihr seine Hand entgegen. Er streichelt ihr über ihr Gesicht. Er scheint glücklich und wirkt entschlossener, als sie ihn bisher erlebt hatte. Ihr Bauch kribbelt, sie ist aufgeregt. Aber es ist ein schönes und warmes Gefühl, welches sich in ihr ausbreitet.

Da sehe ich ein Fenster, es ist verregnet und im Raum dahinter brennt kein Licht. Sie muss aber wohl da sein, sonst hätte mich dieses unsichtbare Band nicht hier hergeleitet. Ich tauche durch das Glas in das Innere der Wohnung. Es ist dunkel und der Regen ist laut, wenn er auf die Fensterscheibe trommelt. Sonst ist aber alles still. Da ist Bewegung in einer Ecke. Es zieht mich dorthin. Da sehe ich sie, ich kenne sie auch von dem Ort, aus dem ich komme. Sie ist dort fast überall zu sehen. Sie schläft gerade und dreht sich langsam von der Seite auf den Rücken. Sie sieht entspannt aus. So friedlich. Das Band der Verbundenheit zieht so sehr, ich kann mich kaum noch halten, dabei würde ich sie gern noch etwas von hier draußen beobachten. Sie strahlt etwas aus, ich kann es schwer beschreiben: so eine zarte tiefe Verbundenheit, Ruhe und gleichzeitig auch Trauer. Sie muss wohl schon viel erlebt haben. Ob es in ihr auch so einen Ort gibt? Nun, ich werde es jetzt herausfinden, denn das Band hat solch eine Kraft – genau wie der Wind, der hinter dem Fenster herrscht. Dann ist es soweit. Mein großer Augenblick. Der Zweck, zu dem ich losgeschickt wurde. Ich werde erfüllen, was er möchte. Ich bin nun ganz nah vor ihrem Gesicht und darf sie für einen kurzen Moment aus seinen Augen ansehen. Und es geht alles so schnell: ein paar Millisekunden und dann passiert es, ich treffe auf sie.

Erschrocken schlägt sie ihre Augen auf. Was war es, das sie da gerade so aus dem Tiefschlaf gerissen hat? Ist das gerade wirklich passiert? Sie setzt sich auf und blickt sich in dem stillen, abgedunkelten Zimmer um. Es ist niemand da. Sie bekommt wieder Gänsehaut und fährt sich mit der Hand über ihre Lippen. Da hat sie doch gerade jemand geküsst. Ein perfekter Kuss. Weich, gefühlvoll, so tief. Sie kann jetzt noch die Lippen auf ihren spüren. Langsam steht sie auf. Sie fühlt sich von diesem Tiefschlaf noch wie betrunken. Ein Blick an die Uhr verrät ihr, dass sie zweieinhalb Stunden geschlafen hat, solange hatte sie das gar nicht vor. Mit weit aufgerissenen Augen und Herzklopfen geht sie langsam durch ihre Wohnung. Sie sucht mit ihren Augen die dunklen Räume ab. Ihr Gang wird schneller, sie öffnet die Tür in den Flur und flüstert "hallo", sie tritt voran und öffnet ihre Wohnungstür. Nichts, alles still. Sie geht noch in das Bad, aber – wie erwartet – findet sie nichts. Dort blickt sie aus dem Fenster auf die Straße, in der Hoffnung, noch jemanden zu sehen. Aber auch dort nichts. In dem Moment strahlt ihr die Sonne genau ins Gesicht. Die Wolken sind verflogen. Das Wetter ist wieder genau wie vorher. Blauer Himmel, Sonnenschein, leichter Dunst steigt von der erwärmten, nassen Teerstraße vor dem Haus nach oben. Verwirrt geht sie in das Wohnzimmer zurück und zieht auch dort die Vorhänge auf, um die Sonne und das Licht in die Wohnung zu lassen. Sie lässt sich auf ihr Sofa fallen und streicht sich verwirrt mit den Händen über ihre Lippen. Ist sie nun völlig verrückt geworden? Gibt es tatsächlich solche echten Träume? Was war da gerade bloß passiert? Der Gedanke ließ sie vor Gänsehaut schütteln. So etwas Gruseliges war ihr zuvor noch nie passiert. Langsam steht sie auf und geht noch einmal Richtung Fenster. Sie blickt heraus, nur diesmal nicht auf die Straße, sondern in den Himmel und weiter hinaus in die Ferne. Sie kommt sich ein wenig lächerlich vor, als sie mit zitternder Stimme leise hinaus fragt: „Warst du es etwa?" Sie lächelt. Ihre Energie ist wieder da. Der Schlaf tat ihr gut. Sie behielt diesen Augenblick sowie das Gefühl dieser Lippen für immer im Hinterkopf und machte sich wieder an die Arbeit, mit der sie vor dem Mittag aufgehört hatte.

Mein Moment war perfekt: Ich traf so zärtlich und so voll und ganz auf ihre Lippen, genauso wie er es sich vorgestellt hatte. Ganz langsam und doch bestimmt. Ein einziger Kuss, in dem so viel mitschwang. Hoffnung, Glück, Erinnerung. Einfach alles, was er zu geben hatte. Nun bin ich in ihrem Bewusstsein und tatsächlich hat sie ein ebensolches Fenster hier bei sich. Es ist aber nicht wie bei ihm: So verriegelt, ungenutzt und mit Brettern vernagelt. Ihr Fenster ist gekippt und es wehen dauerhaft etwas Hoffnung und kleine Erinnerungsfetzen hindurch. Ich werfe einen Blick hinein und sehe nichts Neues. Das ist keine Überraschung. Er und sie teilen dieselben Bilder. Nur sie lässt sie zu und er nicht. Doch sie leiden beide, nebensächlich, welcher Weg der bessere ist. Ich schließe ihr gekipptes Fenster und ziehe die Gardinen zu. Ich flüstere ihr im Inneren zu, dass sie sich um dieses Fenster nicht mehr kümmern soll, wenn es ihr weh tut. Dass ich mich darum nun weiter kümmern werde und dass sie nach vorn schauen soll. „Nichts, was zu dir gehört, wird sich wahrhaft von dir trennen, also lass ruhig los. Ich bin jetzt da!", sage ich ihrem Gewissen. Das war meine Reise und in diesem Moment hatte ich das erfüllt, wozu ich losgeschickt wurde. Ich hatte sie wachgeküsst und nun konnte sie nach vorne sehen: Die Erinnerung dieser Gefühle tief in sich verborgen und behütet wie den größten Schatz.

Ein Kuss zu sein und einzig allein dafür zu existieren, um Gefühle auf den Weg zu schicken, welche sonst verschlossen blieben, machte mir einmal mehr die Verbundenheit mit all den anderen Seelen hier auf der Erde bewusst.

Als völlig besessen und wie ferngesteuert verbrachte ich mein nächstes Leben als Löwe. Ich erfuhr aufs Neue, wie es einen zerstören konnte, wenn man von einer Sache nicht abzulassen vermag. Ich hasste viele Jahre meinen Geburtstag, bis ich mir meine **Grenzen setzte** und wieder zu mir fand. Dass ich in den vorherigen Leben schon die Vernunft, das Loslassen und die Akzeptanz kennengelernt hatte, half mir sehr dabei. Doch ein vollkommener Genuss blieb weiterhin aus.

Happy Birthday

Es war einmal ein junger Löwe, der mit seinen Eltern, Tanten, Onkeln, Großeltern und vielen Geschwistern, Cousins und Cousinen über die afrikanische Savanne herrschte. Er wuchs wohlbehütet heran. Ihm wurden das Jagen und das Erlegen, das Schleichen und das Sprinten beigebracht. Der junge Löwe hatte aber auch seinen eigenen kleinen Dickkopf und nahm sich zwischendurch immer wieder Zeit zum Spielen und Toben und stahl sich von der Herde weg.

Er wuchs heran und wurde größer, stolz und mächtig. Seine Mähne erlangte eine erhabene Größe und viele Tiere erstarrten vor ihm mit Ehrfurcht.

Sein Vater, der nun schon mehrere Tage auf der Pirsch war, um neue Wasserstellen zu erkunden und einen großen Büffel für die Herde zu erlegen, verließ sich darauf, dass sein Sohn ihn in der Herde würdevoll vertreten würde. Auch das tat der Löwe nach bestem Gewissen und mit viel Eifer und Fleiß. Der Vater versprach, ihm eine Belohnung von seiner Reise mitzubringen. Am Tag, an dem der Löwe Geburtstag hatte und nun endlich feierlich als Herrscher der Herde eingeführt werden sollte, kehrte der Vater zurück. Er brachte der Familie viel Beute mit und es gab ein prächtiges Festmahl.

Nun gehörte der ehemals kleine Löwe zu den ganz Großen und hatte die Chance, sein Ansehen zu mehren. Der Vater hielt sein Versprechen und überreichte seinem Sohn am Abend vor der Löwenhöhle seine Überraschung zum Geburtstag. Der Löwe war gespannt. War es der Pelz eines Büffels oder das Elfenbein eines Elefanten? Ehrfürchtig kniete er vor seinem Vater nieder und schloss die Augen.

Als er sie wieder öffnete, sah er ein Ei. Verwundert betrachtete er seinen Vater. Dieser war begeistert und erklärte seinem

Nachwuchs, dass er noch nie ein solches Ei in der Savanne gesehen hatte. Er konnte sich beim besten Willen nicht erklären, von welchem Tier es stammte, doch konnte er sich gut vorstellen, dass es gar wunderbar schmecken muss.

Der Löwe war ein wenig enttäuscht, hatte er doch eher mit einem Geschenk gerechnet, mit dem er seinen Anmut und seinen Stolz ausdrücken konnte. Und um das ihn andere Beneiden.

In der Nacht konnte der junge Löwe nicht schlafen und betrachtete das Ei. Der Vollmond schien darauf und es sah gar herrlich aus. Es war ockerfarben und durchzogen von feinen Maserungen. Diese schimmerten im Mondlicht golden und ein wenig türkis. Sie durchzogen das Ei so zärtlich, dass es wie ein Gemälde aussah. Der Vater hatte recht; Es war gar zu schön. Von welchem Tier es wohl stammte. Je länger der Löwe das Ei ansah, desto mehr lief ihm das Wasser im Munde zusammen. So machte er sich am nächsten Morgen auf zu einer kleinen Reise. Er wollte das Geschenk des Vaters allein für sich genießen und deswegen ein wenig abseits der Herde sein Frühstück zu sich nehmen. Er kam an einen ausgetrockneten Baumstamm, neben dem ein großer dunkler Stein aus der Erde ragte. Der Stein war oben flach und von der Sonne aufgeheizt. Ein leckeres Omelett auf dem Stein, dachte sich der Löwe und konnte es kaum noch erwarten. Er versuchte, das Ei mit seinen Zähnen zu öffnen, doch so sehr er mit all seiner Kraft auch zubiss, an diesem Ei rührte sich nichts. Seine Schale war hart wie Zement. Der Löwe fragte einen Geier, der vorüberflog. Im Tierreich hatte sich herumgesprochen, dass er nun zu den ganz Großen gehörte, weswegen der Geier sich nicht traute, dem Löwen keine Hilfe zu gewähren. „Fliegst du mit dem Ei davon, werde ich dich und deine Familie finden!", drohte der Löwe gefährlich. Also tat der Geier gehorsam, was der Löwe befahl und flog mit dem Ei so hoch er konnte, dann ließ er es fallen. Als es auf der Erde aufschlug, traute der Löwe seinen Augen kaum, denn es war unversehrt wie eh und je. Der Geier beteuerte ängstlich, er sei so hoch aufgestiegen, wie er nur konnte. Der Löwe winkte ab und zog weiter. Auf seiner Reise traf er die Elefanten, die beim Anblick des Löwen nervös schnaubten. Die schwersten Elefanten sollten auf das Ei treten, dann würde ihnen nichts passieren, so der Löwe. Die Elefanten gehorchten vor Angst aufs Wort. Aber egal welcher Dickhäuter auf das Ei trat, es rührte sich nicht. Der Löwe zweifelte an seinem Verstand. So brachte ihn sein Weg noch zu vielen Tieren, welche ihr Glück versuchten, doch ohne Erfolg. Und bei Nacht lag der Löwe schlaflos vor dem Ei und bestaunte, wie die Maserungen der Schale im Mond funkelten. So ging das eine Weile dahin, bis er ohne Erfolg nach Hause zurückkehrte. Er berichtete seinem Vater von seiner Reise und dem merkwürdigen Ei. Dieser versuchte prompt selbst auch einmal sein Glück. Doch wie erwartet gab auch bei ihm das Ei nicht nach.

Nirgendwohin ging der Löwe nun ohne das Ei, seine Gedanken drehten sich nur noch darum. Wenn es nachts einmal nicht so funkelte, polierte er es so lange, bis seine wundersame Maserung unter dem Staub der Savanne hervorblitzte. Er gewann das Ei lieb und wollte es nicht mehr zerstören. Er war wie besessen von der Schönheit und der Stärke des Eis.

Die anderen aus der Herde beurteilten sein Verhalten schnell als „sonderbar und verrückt". Wer hält schon einen Löwen für gefährlich, der ein Ei auf solche Weise hegt und pflegt? Sein Ansehen und der Respekt vor den anderen waren dahin. Sogar sein Vater kehrte im irgendwann enttäuscht den Rücken. Doch der Löwe konnte von dem Ei nicht lassen.

Im Tierreich machte dies rasch die Runde und Intrigen wurden gesponnen. Wetten wurden geschlossen. „Wer es schafft, dem gefährlichen Löwen das Ei wegzunehmen, ist der neue Held!"

Eines Abends legte der Löwe sich wieder mit seinem Ei vor der Höhle zum Schlafen bereit. Er genoss es, das Funkeln zu beobachten, bis sich seine Augen müde schlossen.

Als er am nächsten Morgen die Augen öffnete, versetzte es ihm einen tiefen Stich. Das Ei war verschwunden. Jemand hat es ihm über Nacht doch tatsächlich entwendet, ohne dass er etwas gemerkt hat.

Der Vater war keine große Hilfe, schien er doch eher erleichtert darüber, dass dieses Ei endlich weg war und der Löwe wieder vernünftig werden konnte. Also zog der Löwe allein los, um sein Ei wiederzufinden. Lange Zeit war er auf der Suche, begegnete so manch lustigen, großen, kleinen, unfreundlichen und seltsamen Tieren. Er verbreitete Furcht und drohte mit Konsequenzen, wenn das Ei nicht wieder zurückgebracht werden würde. Doch damit erntete er meist nur Spott und Gelächter.

Müde von seiner Reise und dem Misserfolg kehrte er letztendlich zu seiner Herde zurück. Bald starb der Vater, doch die anderen Oberhäupter konnten sich nicht auf den jungen Löwen verlassen. Er magerte ab, führte ein einsames Leben und zog jedes Jahr an seinem Geburtstag und dem Tag, an dem er das Ei bekommen hatte, los, um nach ihm zu suchen. Er wurde ein zerstreuter, trauriger und immer müder Löwe. Seine Mähne wurde schneller grau als die der älteren.

Er wollte ohne dieses Ei nicht mehr leben und schottete sich schließlich auf einem abgelegenen Berg ganz von der Herde ab. Dort fristete er ein einsames Dasein. Als das in der Savanne bekannt wurde, spotteten die Tiere erneut. Eines Nachts träumte der Löwe von sich und diesem Ei, er träumte, wie er mit ihm redete und ihm sagte, dass er es von Anfang an nie fressen wollte und dass ihm – solange es nur wieder zurückkommt – niemals etwas geschehen wird. Er würde es beschützen und lieben und immer für das Ei da sein. „Ich bin nichts ohne dich, ich lebe nur für dich und ich ertrage keinen weiteren Geburtstag ohne dich!" Doch dieser Geburtstag sollte kommen. Wie immer begab sich der Löwe müde auf die Suche nach dem Ding, wegen dem sein Leben nicht mehr schön war. Gegen Abend kam er an die Stelle mit dem abgestorbenen Baumstamm und dem großen flachen Stein. Er erkannte alles sofort wieder. Seine Beine schmerzten und waren kraftlos, sie gaben nach und er legte sich nieder. Nun war er kurz davor, aufzugeben und nicht mehr weiter leben zu wollen.

Todesmutig landete neben dem Löwen eine Eule. Sie war wunderschön und hatte riesige Augen, die wie zwei Monde funkelten. „Uhu, Uhu, hör zu, hör zu!", stimmte sie ein, und der Löwe hob nur müde seinen Kopf. „Was willst du, Eule? Mir noch ein paar letzte Worte sagen?", fragte er. „Nein", flüsterte die Eule kaum hörbar, „denn es werden deine ersten Worte sein!" Der Löwe schloss die müden Augenlider und lag erschöpft, aber mit gespitzten Ohren im Gras. „Ein Tag im Jahr und eine einzige Begegnung mit etwas Wundersamen, und ein stolzer und mächtiger Löwe geht zugrunde? Das kann nicht sein, wie soll es denn noch mit uns enden?", sprach die Eule und fuhr fort: „Wenn du nur verstehen könntest, dass du all die Liebe, die du diesem Ei gegeben hast, nun an dich schenken solltest, damit es dir wieder besser gehen kann! Das Ei ist fort, du dummer Löwe, nun wach auf und strecke dich! Dieser eine Tag im Jahr, der so bedeutsam ist, er sollte es nicht wegen dieser Begegnung sein, sondern weil du dir selbst wichtig bist!" Der Löwe blinzelte nun in die beginnende Abenddämmerung die Eule an. „Feiere dich und sei fröhlich. Du bist hier, du bist am Leben, du bist gesund und du kannst so viel erreichen. Willst du wegen diesem Ei dein Leben vergeuden? Schenke die Liebe, die dem Ei gehörte, nun dir, sei mit deinem Herzen bei dir, behandle dich so gut, wie du es mit dem Ei getan hast, dann öffnet sich dein Blick auch wieder für all die anderen schönen Dinge im Leben! Und vor allem verbringe deinen Geburtstag nicht so, sondern feiere dich. Sei dir bewusst, dass du es verdient hast und stehe über der Vergangenheit. Ja, vielleicht gab es einst etwas, dass du geliebt hast und vielleicht gehört ein Stück deines Herzens immer noch dem Ei, aber, lieber Löwe, ich flehe dich an, steh auf und fang an zu leben. Tu dem Ei den Gefallen, das schuldest du ihm, du bist hier und musst gut für dich sorgen!" Die Eule flog davon und als sie ihre Flügel ausbreitete, leuchteten diese golden und türkis. Sie verschwand in der Nacht und der Löwe schloss kraftlos seine Augen. Das war es.

Am nächsten Morgen öffnete er sie zu seinem Erstaunen wieder. Er war noch da. Es war ein Wunder. Er verspürte Hunger und seine Beine fingen nervös an zu zucken. Er raffte sich auf und erstreckte sich hoch. Er dachte noch viel über das Gespräch mit dieser riesenhaften und wunderschönen Eule zurück und begann ihren Rat zu beherzigen. Er jagte wieder, er aß wieder, er pirschte sich an, rannte und lag auf der Lauer, er tobte in den Wasserlöchern und ließ sein Fell von der Sonne trocknen.

Er pflegte sich eine lange Zeit, bis es für ihn soweit war, zurück zu seiner Herde zu gehen. Ein wenig Angst schwang in ihm mit, denn dieses Ei konnte er nicht vergessen und er wusste nicht, was er tun sollte, wenn die anderen es ansprachen. Aber er dachte an das Gespräch mit der Eule und wie mächtig er war und dass er es dem Ei schuldig sei, sich selbst zu mögen.

Als er nachhause kam, strahlte er eine unglaubliche Reife aus. Er ruhte tief in sich und alle neigten die Köpfe ehrfürchtig zu Boden. Damit hatte er nicht gerechnet. Eine junge Löwin blinzelte ihn verstohlen an und spielte mit ihm Verstecken. Sie jagten und verliebten sich. Am Abend betrachteten sie zusammen den Vollmond und die junge Löwin sprach zu ihm: „Happy Birthday!" Da erschrak der Löwe kurz und fiel danach in eine tiefe Ruhe, er lächelte entspannt und beruhigt. Er wusste, dass er nun an keinem Jahr mehr diesem Ei hinterher trauern, sondern an diesem Tag nur noch sich, seine Stärke und seine Liebe zu dieser Welt feiern wird. Niemals mehr würde ein solches Objekt ihm so seine Kräfte rauben, dafür würde er sorgen. Er hatte nun gelernt, was ihm guttat und dass auch Gutes ihm schaden konnte. Er hatte sich selbst besser kennengelernt und sah erst jetzt ein, wie wertvoll das Geschenk des Vaters war. Die Lehre darüber, die eigenen Grenzen der Vernunft einzuhalten und vor anderen zu vertreten,haben ihn stärker gemacht als jede Büffeljagd es je hätte erreichen können.

Ich lebte als nächstes wieder als eine jungen Frau, welche einen langen Weg hin zur **Selbstliebe** durchzustehen hatte. Oft mochte sie sich nicht und das brachte mir Unbehagen. Doch eines Tages erkannte sie, dass ihr Geist und ihr Körper ein Team waren, das funktionieren musste und das sie brauchte, um im Leben weiter voranschreiten zu können. Wieder fühlte ich mich dem Genuss so nahe.

Wisst ihr noch?

Wisst ihr noch, Hände, als wir die ersten Saiten mit den Fingern auf der Gitarre herunterdrückten und einen Klang erzeugten? Das war der Moment, in dem ich wusste, dass ihr das könnt! Als wir uns an den Händen unserer Freunde festhielten, um sie durch das Gedränge der Massen nicht zu verlieren. Als uns der Ehering schmückte und wir dachten, wir werden ihn niemals wieder ablegen. Als wir uns an den felsigen Steinspitzen festhielten, um weiter und weiter hochklettern zu können und uns dem Gipfel näherten. Als wir Texte in die Tastatur hämmerten und alles durch unsere Finger fließen ließen, was uns im Kopf herumging. Als unseren Finger diese kleine winzige Hand umschloss und wir dachten, etwas Schöneres kann es nicht geben. Als wir all unsere starken Gefühle mit unseren Berührungen ausdrücken konnten und zum ersten Mal diese eine, einzigartige andere Hand berührten.

Wisst ihr noch, Beine, wie oft wir gefallen sind – und uns seitdem Narben schmücken –, doch wie gut und kraftvoll wir uns nach jedem Sturz wieder aufrichten konnten? Wie schnell wir rennen und wie geschickt wir tanzen und balancieren können? Ihr habt solche Kraft in euch und habt mich bisher überall hingetragen. Erinnert ihr euch noch daran, als wir nachts nach Hause liefen, ihr wart niemals zu müde dafür, egal welche Strecke uns noch bevorstand. Wisst ihr noch, die ganzen Tänze, die wir auf Bühnen zum Besten gaben oder die Salsa-Abende, an denen wir den Rhythmus durch uns fließen ließen? Wie hoch ihr in der Schulzeit gesprungen seid und uns einen Platz am schwarzen Brett verschafft habt und wie schnell wir jede Kletterstange nach oben geklettert sind? Wie viel Gewicht ihr von euch wegdrücken konntet? Wie uns der Tätowierer die erste bunte Farbe unter die Haut stach und uns damit verzierte? Wie braun uns die Sonne in jedem Sommer machte und wie gut sich das Gefühl der Schwerelosigkeit beim Schwimmen im Wasser anfühlte? Wie butterweich wir jedes Malwurden, wenn wir ihn sahen?

Weißt du noch, Bauch? Wie gut das Gefühl war, als wir nach all dem Kummer zum ersten Mal wieder richtigen Hunger hatten? Wie kugelrund wir wurden, als wir dieses kleine Menschlein in uns trugen und es mit seinen winzigen Füßlein kleine Dellen unter unserer Haut hervortrat? Wie die silberne Eidechse mit den blauen Steinchen unseren Bauchnabel zierte? Wie lang es dauerte, bis unsere große Narbe verheilt war und wir wieder alles spüren konnten? Wie gut und schnell man unsere Muskeln sehen konnte, nachdem wir Sport gemacht hatten? Wie uns Mama damals durchkitzelte? Wie gut und gern ich für uns gekocht habe? Wie ich dich mit Cremes und Ölen pflegte, um mich wohl zu fühlen? Wie kalt das Ultraschallgel immer war? Wie sich uns vor Nervosität fast der Magen umdrehte und in uns Schmetterlinge tobten, wenn wir an ihn dachten?

Wisst ihr noch, Ohren? Wie fasziniert wir waren, als wir zum ersten Mal dieses eine bestimmte Lied hörten? Wie erstaunt wir waren, als wir hörten, was unsere Hände auf der Gitarre erschaffen konnten? Wie weh es uns tat, wenn das Flugzeug startete und landete? Wie viele wunderschöne, glitzernde und funkelnde, lange und kurze Ohrringe uns schmückten? Wie die Stimmen der uns vertrauten Menschen wie die schönste Musik für uns klang? Wie unvergessen manche Stimmen und Gespräche mit anderen für uns waren? Wie gut unsere Stimme im gemeinsamen Gesang mit anderen harmonierte? Wie wir Klavierstücke aufgesaugt haben und uns so entspannen konnten? Wie gut wir beim Balancieren das Gleichgewicht hielten? Und wie oft wir Kopfhörer tragen mussten, weil keiner in der Umgebung unseren Geschmack teilte?

Wisst ihr noch, Augen? Wie es für uns war, als wir das erste Mal in diese anderen Augen sahen? Wie wir uns verloren in unserem Gegenüber, so sehr, dass Zeit keine Bedeutung mehr hatte? Wie wir so manche landschaftliche Schönheit aufnahmen und bis ins Unendliche die Anblicke und Ausblicke genossen?

Wie viele Bücher und Texte wir begeistert verschlangen? Wie wir diese Briefe lasen und uns die Tränen aufstiegen? Wie viele Tränen wir aber auch aus Wut, Trauer und Rührung vergossen haben? Wie oft wir die schönsten Sternenhimmel sahen? Wie schön grün wir im richtigen Licht leuchten konnten? Wie müde wir manchmal waren und dann regelrecht brannten? Wie gerne wir schliefen? Wie oft wir uns kritisch und wie oft wir uns liebevoll im Spiegel anblickten? Wie uns die erste Brille zierte? Wie lange uns die schmerzhafte Brandwunde am Augenlid quälte? Wie ungern wir uns öffneten, wenn der Wecker zeitig klingelte? Wie oft wir Wimpern wegpusteten und uns dabei etwas wünschten? Wie viele Bilder, Menschen und Texte wir sehen und lesen mussten, obwohl wir lieber hätten wegschauen wollen?

Weißt du noch, Mund? Wie gut du singen konntest? Was für leckeres Essen du genossen hast? Wie viele Küsse wir uns stahlen? Wie wir den Geschmack der Küsse noch ewig in Erinnerung auf unseren Lippen trugen? Wie oft wir laut lachten oder glücklich lächelten und manchmal auch ganz für uns allein schmunzeln mussten? Was für Worte schon aus Liebe, Hass oder auch Wut über unsere Lippen kamen, die wir nie wieder zurücknehmen können? Was für wichtige Sätze, die man normalerweise, nur einmal im Leben sagt, wir schon aussprachen? Wie wir unserem süßen kleinen Jungen oft mit den Lippen die Nase stahlen? Wie oft du etwas halten musstest, weil die Hände schon voll waren? Wie weh die Spritze zur Betäubung tat? Wie oft ich beim Nachdenken mit den Zähnen auf den Lippen herumkaute, bis ich die richtige Lösung hatte? Wie laut du pfeifen konntest?

Weißt du noch, Kopf? Wie oft wir uns stritten? Wie viele Fantasieausflüge wir machten und wie viele Träume wir träumten? Weißt du noch, wie oft wir verrückten Gedanken nachgegangen sind? Wie sehr du geschmerzt hast, weil mir der Wein mal wieder zu gut schmeckte? Wie gut wir bei manchen Arbeiten unsere Leistung abrufen konnten, obwohl uns das Lernen sichtlich schwerfiel? Wie oft wir Gedanken in uns getragen haben, vor denen wir selbst erschraken? Wie tief wir uns in unser Leid hineinsteigern konnten und uns keine Idee mehr für einen

Ausweg gekommen ist? Wie oft wir auf unsere Schlagfertigkeit stolz waren? Aber wie oft uns auch die richtigen Worte erst zu spät einfielen? Wie oft wir uns gewünscht haben, wir hätten besser darüber nachgedacht, bevor unser Mund die Worte schon aussprach? Und wie oft wir unsere falschen Entscheidungen bereuten? Wie häufig du zurückstecken musstest mit all deinen Warnungen, weil mein Herz die besseren Argumente hatte, zumindest für den Moment. Weißt du noch, wie oft wir abgelenkt waren und es uns schier unmöglich schien, uns auf die wesentlichen Dinge zu konzentrieren, da uns etwas anderes einfach nicht losließ? Die Gespenster, die wir vertrieben und die die wir nie besiegen konnten und die bis heute noch in uns herumspuken? Wie oft wir Wünsche herbeibeschworen und vergebens zu einer unbekannten Macht beteten? Wie wir uns festbeißen konnten an Meinungen, die uns nicht entsprachen, und wie unendlich unbegreiflich uns die Ungerechtigkeiten erschienen, die uns widerfahren sind. Wie wir alles verarbeiten mussten, was unsere Augen sahen und unsere Ohren hörten? Wie sehr wir uns wünschten, uns von manchen Gedanken endlich lösen zu können, doch gleichzeitig daran festhielten? Wie schwer es uns fiel, gewisse Dinge einzugestehen und sie zu akzeptieren?

Weißt du noch, Herz? Der tiefe Schmerz, wenn wir uns für immer von einem geliebten Menschen verabschieden mussten? Die Kämpfe, die wir geführt haben mit unserem Verstand? Die Gutgläubigkeit, von der wir häufig eine Portion zu viel in uns hatten? Das Mitleid, die Empathie und die Bereitschaft zur bedingungslosen Selbstzerstörung, die wir in uns trugen und die dazu führte das wir uns viele Jahre selbst geschadet haben, weil wir alles nur noch für andere taten? Wie warm uns wurde, wenn unser kleiner Junge uns umarmte und uns „Ich habe dich lieb!" sagte? Und wie du mir fast jedes Mal, wenn wir ihn sahen, aus der Brust sprangst? Wie weh es tat und wie oft wir dachten, wir würden diesen Schmerz niemals überwinden, wenn uns jemand gebrochen oder in uns falsche Hoffnungen geweckt hatte? Wie verrückt du spieltest und bei inneren Diskussionen immer die Überhand gewannst, wenn es darum ging, Entscheidungen zu treffen, in die wir emotional verwickelt waren? Wie oft du mir vor Schreck oder Angst bis in die Kniekehlen gerutscht bist? Wie wir das Gefühl verspürten, im selben Takt wie unser Gegenüber zu schlagen? Wie oft wir uns gewünscht hätten, wir würden etwas weniger fühlen? Wie oft wir gegen Gefühle ankämpften, weil wir schon ahnten, wo es hinführen würde? Wie oft uns unsere Intuition schon täuschte und uns an uns zweifeln ließ?

Hände, ihr habt immer großartige Arbeit geleistet und nun wünsche ich euch, dass ihr bei allem, was euch guttut, zugreift, dass ihr endlich nehmt, was wir verdienen und weiterhin in Musik ausdrückt, was wir brauchen.

Beine, ihr wart immer zuverlässig, aber ich möchte, dass ihr euch Ruhe gönnt und nicht nur Zwecke erfüllt, sondern auch einmal wieder die Schwerelosigkeit des Wassers oder die wärmenden Strahlen der Sonne genießen könnt.

Bauch, sei mir nicht böse, wenn ich manchmal schimpfe. Uns verbinden viele Hochs und Tiefs. Sei du selbst und genau dann bist du der schönste! Das wird mein Kopf auch bald begreifen können und wir werden dich akzeptieren.

Ohren, bitte schont euch auch einmal etwas und glaubt nicht mehr länger daran überall und immer hinhören zu müssen. Das wird uns guttun. Manches verdient weder Beachtung noch Gehör.

Augen, bitte findet euer Funkeln wieder und gebt mir den Blick der Selbstliebe zurück, findet die Balance zwischen Liebe und Kritik und gebt mit euren Blicken von keinem zu viel und von keinem zu wenig ab.

Mund, ich weiß nicht, wann du wieder küssen kannst, aber bis dahin genieße das Essen und den Gesang in vollen Zügen.

Kopf, bitte gönne dir ein wenig Ruhe und nimm Hilfe an. Lass deinen Stolz beiseite und denke mehr an das gesamte Team. Du musst nicht alles allein schaffen können, das verlangt niemand von dir! Manchmal solltest du einfach etwas häufiger abschalten.

Und du, mein unverbesserliches Herz, du musst so viel ertragen, ich werde alles dafür geben, um dir ausschließlich nur noch Gutes zu tun! Denn du warst auch immer zu gut für den Rest. Ich bin froh, so ein Herz wie dich zu haben, das so viel mitmachen muss und trotz alledem noch so stark sein kann. Nimm dich einfach ein wenig zurück und tausche dich mehr mit dem Kopf aus. Ihr müsst zusammenarbeiten, damit es uns künftig gut gehen wird. Wir sind ein großartiges Team und das sollten wir jedem, der in unser Leben tritt, zeigen. Doch vorallem sollten wir es und selbst zeigen.

Als Mutter erfuhr ich im nächsten Leben, was bedingungslose **Liebe** wirklich bedeutet. Ich nehme an, für diese Aufgabe war ich erst bereit, nachdem ich gelernt hatte, mich selbst zu lieben. Nun konnte ich meine Liebe weitergeben und es war eine unglaubliche Erfahrung für mich. Es war wie tausende Umarmungen und heilende Salben. Wie eine Belohnung, die mir das Leben schenkt für all die anderen Leben, die ich bis zu diesem Zeitpunkt hinter mir hatte. Doch die Liebe zu lernen: Das schien immer noch nicht mein letzter Schritt zu sein.

Schutzschild

Es tut mir leid, dass ich manchmal versage und du darunter leiden musst, aber ich möchte, dass du weißt, dass ich nur dein Bestes im Sinn habe und mir für uns häufig etwas Besseres gewünscht hätte.

Es tut mir leid, dass ich manchmal schlechte Laune habe und meine nachdenkliche Art vor dir nicht ablegen kann, aber ich bin auch nur ein Mensch und trotz alledem funktioniere ich tagein tagaus allein für dich.

Es tut mir leid, dass ich mich mit den Müttern deiner Freunde nicht jedes Mal stundenlang unterhalten kann, weil einfach kein Interesse besteht, aber sobald es um dich geht, würde ich jedes Gespräch in Kauf nehmen, gleichgültig mit wem.

Es tut mir leid, dass ich dir nicht jeden Wunsch erfüllen kann, doch hätte ich die Mittel dafür, dann würde ich es tun, nur damit du niemals auf etwas verzichten musst – auch wenn es nicht förderlich wäre.

Es tut mir leid, dass ich manchmal vor deinen Augen laut werde oder mir die Tränen kommen. Ich will immer stark vor dir sein, doch manchmal überwältigt es mich einfach und ich will mich nicht so hilflos fühlen. Mit diesen lauten Worten verteidige ich uns beide bloß und mit meinen Tränen drücke ich aus, dass mir alles nahegeht, was dich betrifft, weil du mir einfach so unglaublich viel bedeutest.

Es tut mir leid, dass mich das Leben an manchen Tagen einfach müde macht und ich es nicht schaffe, mich aufzuraffen, um mit dir zu spielen, aber ich habe den ganzen Tag lang alles gegeben, um uns ein festes Einkommen zu sichern und dies kostet manchmal mehr Kraft als an anderen Tagen.

Es tut mir leid, dass ich manchmal Stress habe und uns die Zeit im Nacken sitzt, weswegen ich dich dann ständig in hartem

Ton auffordern muss, mit etwas fertig zu werden, aber Mama hat Verpflichtungen, die für uns beide wichtig sind.

Es tut mir leid, dass ich manchmal ein Glas Wein trinke und eine Zigarette rauche, aber nicht jeder Tag ist so schön wie der andere und Mama braucht deswegen ab und zu ein Ventil um zur Ruhe zu kommen.

Es tut mir auch leid, dass ich dir nicht jeden Tag dein Lieblingsessen auf den Tisch zaubern und nicht jedes Wochenende die größten Unternehmungen mit dir machen kann. Aber ich möchte, dass du weißt, dass ich alles, was ich tue, mit bestem Gewissen für dich und mich erledige und den Rest meines Lebens für dich da sein werde. Und dass all diese Fehler, die ich begehe oder das Verhalten, das dich ab und zu verletzt, uns stärker machen. Nicht nur du erlebst viele erste Male, sondern auch ich als Mutter tue dies alles zum ersten Mal. Es ist menschlich, Fehler zu machen, aber es lässt uns auch wachsen.

Du bist mein größter Lichtblick und wenn du mich mit diesem liebevollen, tief vertrauten Blick anschaust, dann erfüllst du mich mit Wärme.

Du tust mir jeden Moment deines Lebens gut, denn du bist das allergrößte Geschenk für mich.

Dein erstes Lächeln, deine ersten Schritte, wenn sich deine kleine Stirn in Falten legt vor Wut, wenn kleine Tränchen aus deinen Kulleraugen rinnen oder deine kleinen Ärmchen meinen Hals umschlingen – in alles, einfach ausnahmslos alles, bin ich schockverliebt.

Deine klugen Fragen, mit denen du mich manchmal sprachlos machst, rauben mir ebenso den Atem wie dein unglaubliches Verständnis für die Welt um uns herum. Auch ich kann noch so einiges von dir lernen.

All diese wunderschönen Erinnerungen, mit denen mein Leben gefüllt ist, seit es dich gibt, sind unvergleichlich.

All diese großen Sorgen, die mich jeden Tag begleiten, einerlei, ob du dich mit einem Freund streitest, ein aufgeschürftes Knie hast oder später das erste Mal mit dem Motorrad von unserem Grundstück auf die Straße fährst, gehören genauso zu den unvergleichlichen Dingen, die nun mein Leben erfüllen. Und als Mama macht man sich nun einmal von früh bis abends Sorgen, Bitte verzeih mir auch diese Überfürsorglichkeit.

Ich will dich behüten wie den wertvollsten Schatz der Welt, wie die seltenste Blume. Denn du bist mein Einzigartiges Kind und du machst mich so stolz. Also bitte nutze mich als dein Schutzschild.

Verstelle dich niemals vor mir und täusche keine Stärke vor. Ich weiß du bist tapfer und ich werde deine Stärke, dein Pflaster, dein Schmerz sein – all dies werde ich dir abnehmen, damit du dich den schönen Dingen des Lebens widmen kannst. Denn das ist meine Aufgabe, mein Job.

Natürlich ist mir klar, dass ich nicht 24 Stunden am Tag bei dir sein kann und du auch viele Erfahrungen allein machen musst. Aber sei dir gewiss, dass ich für dich da bin, egal bei was und ganz gleich wann.

Ich bin dein Schutzschild, dein Ventil, dein Prellbock, deine Therapeutin, deine Köchin, deine Managerin und deine Sekretärin. Doch bei vielem wirst du meine Hilfe nicht wollen. Deswegen kann ich dir nur meine besten Wünsche für deinen Weg ins Leben mitgeben und hoffen, dass du andere Fehler machen wirst als ich. Aber ganz ohne Fehler wird es leider nie gehen.

Deswegen:

Ich wünsche dir Liebe, von allen Seiten. Sie soll dich erfüllen, umhüllen. Du sollst sie geben und empfangen können.

Ich wünsche dir Akzeptanz. Du sollst alles annehmen können und dich für alles öffnen, was kommen mag: Für alles Gute und um Schlechtes zum Guten zu wenden.

Ich wünsche dir Gesundheit für den Rest deines Lebens. Allezeit sorglose Gesundheit und immer Wohlergehen. Es soll dir niemals etwas Schlimmes widerfahren.

Ich wünsche dir Zufriedenheit, auch, was die noch so kleinen Dinge in deinem Leben anbelangt. Sie soll dich ausgeglichen und glücklich machen.

Ich wünsche dir, dass du mit dir selbst im Gleichgewicht bist. Dein Körper und dein Geist sollen sich immer in einem harmonischen Verhältnis zueinander befinden.

Ich wünsche dir Glück, denn eine gute Portion Glück gehört in jedes Leben. Es sollen sich alle Dinge in deinem Leben so fügen, wie du es dir vorstellst, damit du glücklich wirst, bist und bleibst.

Ich wünsche dir Stabilität und Rückhalt, damit du niemals das Gefühl bekommst, allein zu sein.

Ich wünsche dir die Kraft und die Stärke, alle Hindernisse zu jeder Zeit und ohne Ängste beseitigen zu können.

Ich wünsche dir Mut: Du sollst ihn niemals verlieren und stehts wissen, dass du einfach alles schaffen kannst, wenn du an dich glaubst.

Ich wünsche dir die Geduld, bei der Lösung von Problemen nicht überstürzt vorzugehen und dir auch in schwierigen Situationen einfach die Zeit zu geben, die du brauchst.

Und ich wünsche dir den Blick dafür, zu erkennen, was für ein einzigartiger und wundervoller Mensch du bist, denn ich sehe dich so jeden Tag!

Deine Mama

Ein alter Wanderer wurde ich danach. Ich sah so viel von der Welt. Doch ein Leben zu führen, in dem man rund um die Uhr nach etwas suchen musste, stellte mich nicht zufrieden. Es gab immer eine gewisse Leere in meinem Dasein, bis ich lernte, was es bedeutete, **Verständnis** für sein Gegenüber zu haben und so mit einer erfüllenden Liebe belohnt wurde. Es ging mir auch in diesem Leben keineswegs schlecht. Zudem schärfte es mein Bewusstsein enorm, ähnlich wie in meinem Leben als Vogel.

Querfeldein

Wie lang ich schon wandere, das weiß ich nicht. War mein Weg bis hierhin hart? Gewiss! Wandere ich, weil ich auf der Suche nach dem Ziel bin? Auch das. Steht mir ein Ende meiner Wanderung bevor? Nein, noch lange nicht!

Meine Suche startete in der Heimat, doch ich fand weder mich selbst noch mein Ziel noch den geeigneten Weg. So beschloss ich, mich einem anderen Wanderer, der meinen Weg kreuzte, anzuschließen und in der Ferne zu suchen.

In der Ferne würde ich mein Ziel finden, dachte ich. Es war keine einfache Wanderung, ich ging über Stock und Stein und stieß auch auf andere Suchende dabei. Immer wenn ich dachte „Das muss es jetzt sein, mein Ziel", stellte ich kurz darauf fest, dass mein Weg wohl doch noch nicht zu Ende war und so ging ich weiter. Immer der Nase nach. Ich hatte keine Karte, keinen Kompass, keine Wanderschuhe. Hier und da drückten die Schuhe und ich war dem Wetter schutzlos ausgeliefert. Oft überlegte ich, umzudrehen, aber ich war einfach schon zu weit gegangen, um aufzugeben. Die Bäume sangen Wanderlieder für mich und die Tiere waren meine Wegbegleiter. Dann plötzlich kam mir meine Umgebung so bekannt vor: War ich jetzt an meinem Ziel?

Ich war bestürzt, ich war enttäuscht. Ich war im Kreis gelaufen und kam wieder zu Hause an. Das durfte nicht sein! Dann würde ich mich hier eben kurz ausruhen und daraufhin in eine andere Himmelsrichtung neu starten, Gesagt, getan. Ich ging erneut los. Diesmal marschierte ich nicht in die Ferne, sondern wanderte in einem kleineren Radius um meine Heimat herum. Wenn die Ferne mich so wegstieß, musste mein Ziel vielleicht doch in der Nähe liegen, dachte ich mir. Aber auch die Nähe barg ihre Tücken. Sie hatte viele Ecken und Winkel, die mir gänzlich unbekannt waren. Doch ich nahm mir vor, Schritt für Schritt vorzugehen. Ich testete mich aus. Wieder schaute ich unter jeden Stein, stieg über jeden Berg und sprang über Bäche. Manchmal fiel ich, doch die Verletzungen waren nicht so groß, dass ich hätte aufgeben müssen. Meistens stieß mich die Natur zurück und zeigte mir ganz deutlich, dass hier nicht mein Ziel war und dass ich schnell woandershin wandern sollte. Also zog ich mich zurück und erkundete eine andere Ecke, eine neue Himmelsrichtung.

Manchmal roch die Luft so vielversprechend und ich wurde ganz nervös, aber schließlich musste ich enttäuscht feststellen, dass auch dort mein Ziel nicht zu finden war. Ich fand Gefallen an meinen Wandertouren. Es gab zwar auch Tage, an denen ich sie verfluchte, doch ich kannte mich selbst gar nicht mehr anders als auf Wanderschaft. Ich kam auch an Orte, an denen das Flussbett ausgetrocknet war: kein Wasser mehr, kein Leben mehr. Es bewegte sich kein Grashalm, die Luft war staubig und trocken, das Atmen fiel mir schwer, da dachte ich mir, hoffentlich ist das nicht mein Ziel. Also suchte ich in neuen Ecken.

Ich war in felsigen und gefährlichen Gebieten unterwegs und mein Schuhwerk passte nicht zu dem Untergrund. Ich watete durch schlammige Tümpel, es regnete tagelang, mein Körper zitterte und ich sehnte mich nach Wärme, doch zum Glück befand sich auch dort nicht mein Ziel.

Ich sah Ruinen von Häusern, in denen sich viele Geschichten abgespielt haben müssen. Ich sah großartige Bauwerke voller Prunk und Reichtum. Es begegneten mir Menschen, die mir so gänzlich glücklich erschienen, dass mich der Neid packte. Waren sie schon am Ziel angekommen? Waren sie vorher auch so lange gewandert wie ich? Werde ich auch so glücklich aussehen, wenn ich mein Ziel erreicht haben werde?

Immer wieder aufs Neue fand ich nicht das, was mich erfüllte und immer wieder aufs Neue suchte ich in anderen Gebieten. Ich wurde wieder und wieder enttäuscht, doch ich wurde meiner Suche nicht müde, im Gegenteil: Mich packte mehr und mehr der Eifer. Ich hatte noch genügend Reserven für viele weitere Touren übrig. Manchmal beschlich mich die Ahnung, dass mein eigentliches Ziel wohl nur das Wandern sei und ich eventuell Angst vor einer Ankunft habe. Konnte ich deswegen mein Ziel vielleicht gar nicht finden? Weil ich nicht wollte? Doch dann träumte ich manchmal von meinem Ziel und dadurch war ich am nächsten Tag wieder voll und ganz fokussiert und setzte meine Schritte mechanisch voreinander. Laufen, Laufen, Laufen immer weiter Laufen, Schritt für Schritt für Schritt.

Die Sonne prallte auf mich, ich setzte monoton meine Schritte auf dem Weg. Mein Mund war staubtrocken. Hier und da eine Rast an einem kühlen, schattigen Plätzchen. Kurz die Glieder ausruhen. Weiter geht's! Von früh morgens bis abends auf der Wanderschaft meines Lebens. Jeden Morgen diejenige sein, die noch vor dem ersten Hahnenschrei aufsteht und die Sonne am Horizont aufgehen sieht. Jeden Abend die Letzte sein, die durch die dunklen Gassen der Städte und auf Waldpfaden herumirrt. In den paar Stunden, in denen sich meine Augen schlossen, sah ich es jedes Mal aufs Neue mein Ziel. Wäre ich doch nur schon angekommen!

Wieder begegnete ich anderen Wanderern, mit denen ich ein paar Schritte zusammen ging. Wieder felsige Gebiete, in denen Geschick und Konzentration gefragt waren. Für fast alle, die meinen Weg kreuzten, war ich etwas Außergewöhnliches. Eine Wanderin so wie mich – eine Suchende – haben viele vorher noch nie getroffen. Sie staunten, was ich alles erlebt und wohin mich mein Weg schon verschlagen hatte. Sie hoben die Hände über den Kopf, wenn ich auf die Frage nach dem Ziel keine Antwort geben konnte. Sie bewunderten mein Durchhaltevermögen und meine Zielstrebigkeit. Sie sahen mich verständnislos an und bisweilen bekam ich den Eindruck, als empfänden sie Mitleid mit mir angesichts dessen, was ich schon alles durchgemacht hatte. Nicht wenige bewunderten mich dafür, wie schnell ich jedes Mal nach einem Rückschlag weitergemacht habe. Die Leute fragten mich, was meine Inspiration ist und ich sagte ihnen: „Ein Traum!" Meistens gingen sie still fort, redeten hier und da mit dem ein oder anderen noch völlig verwundert über mich. Doch verstehen konnte es niemand.

Manchmal ärgerte es mich, dass sie mich nicht verstanden, manchmal ärgerte mich das, was sie über mich erzählten. Oft entstand der Wunsch in mir, wie sie zu sein, doch ich zog weiter meines Weges.

Wandererfahrungen habe ich schon vor langer Zeit genug gemacht. Ich habe Erfahrungen gesammelt, in die mich mein Leben hineinstieß. Meine Wunden sind jedes Mal aufs Neue geheilt, Meine Erfahrungen sind es, die diesen Menschen aus mir geformt haben, meine Erlebnisse sind es, die mich weise machen. Mit dem Erreichen der Weisheit habe ich ein Ziel meiner Wanderschaft also schon erreicht. Auch mit mir selbst bin ich im Einklang. Wenn einmal etwas nicht so läuft, mache ich es mit mir selbst aus und fühle mich damit gut. Ich bin zufrieden mit mir selbst und mit meinen einzelnen Tageszielen und Etappen. Ich bin mittlerweile ein ausgeglichener Mensch und damit habe ich ein weiteres Ziel meiner Wanderung erreicht. Meinen Teint formt die Sonne, meine Haut pflegt der Regen, mein Haar weht sanft im Wind und mein Körper ist eine drahtige Maschine, die mit mir jedes Hindernis erklimmt und bewältigt. Wenn ich aus einem Bach trinke und mich im Wasser spiegele, dann erkenne ich, dass ich gesund und schön bin. Gesundheit und Schönheit hat mir mein Weg also auch schon beschert. Und Glückseligkeit kann ich auch auf meine Liste setzen, denn welchen Menschen kann denn all dies nicht glücklich machen?

Doch trotzdem habe ich mich meinem letzten Ziel noch nicht genähert. Ich weiß nicht einmal, ob ich nahe dran bin oder noch Kilometer weit entfernt. Vielleicht ist es aber auch genau diese Ungewissheit, die mich in einer Art und Weise süchtig gemacht hat und mich nicht stillstehen lässt. Ich nutze jede Chance, lasse nichts aus, alles, was ich tue, tue ich mit viel Mühe und Engagement. Ich besitze jetzt auch diesen seltenen Blick für das Schöne und die Liebe zum Detail. Ich strebe an, mit mir und meiner Umgebung im Einklang zu leben.

Eines Tages – ich wanderte mal wieder nur so für mich – traf ich auf einen Wandersmann, was inzwischen seltener geworden war und mich deshalb sehr freute. Wir sahen uns an und sprachen nicht, wir sahen uns den Hunger und den Durst an, setzten uns und teilten unseren Proviant und unser Wasser ganz uneigennützig.

Jeder von uns wollte dem anderen damit guttun. Wir hatten beide dieselben Wunden, die Wanderer nun einmal mit sich trugen.

Lange Zeit genossen wir einfach nur unsere Gesellschaft und brauchten keine Worte. Doch die Neugier wuchs und wir fingen an, uns die üblichen Fragen zu stellen. Wo kommst du her, wo willst du hin, was hast du gesehen, was hast du erlebt, wie lang bist du schon unterwegs und vor allem eines: „Was ist dein Ziel?" Unsere Antworten waren fast identisch, wir waren stimmig wie Yin und Yang, saßen im Einklang nebeneinander und stützen uns mit unserer reinen Anwesenheit gegenseitig. Es gab nur einen großen Unterschied, der uns beiden schnell auffiel. Als ich die Fragen nach dem *Wo*, dem *Wohin*, dem *Was* und dem *Wie* beantwortete, da redete ich aus meinem *Herzen* heraus.

Wo kommst du her? „Aus einem glücklichen, behüteten Zuhause." Wo willst du hin? „Dorthin, wo mir der Weg am besten gefällt und wo es friedlich ist." Was hast du gesehen? „Dinge, die mein Herz aufgehen ließen und mich glücklich machten und Dinge, die mich empörten und Trauer in mir hervorriefen." Was hast du erlebt? „Elend und Reichtum, Armut und Glanz, Stolz und Glück." Wie lange bist du unterwegs? „So lange schon, wie es meinem Herzen guttut." Und die wichtigste Frage: Was ist dein Ziel? „Ich bin erst am Ziel meiner Wanderung angelangt, wenn ich mein Gegenstück finde und mich als Ganzes sehen kann."

Mein Gegenüber beantwortete mir jedoch alles viel rationaler, aus seinem *Verstand* heraus.

Wo kommst du her? „Aus einem kühlen Elternhaus." Wo willst du hin? „Dort lang, wo man am besten laufen kann und der Weg eben ist." Was hast du gesehen? „Schwierigkeiten bei allen Menschen, Strategien, Willen und Vernunft." Was hast du erlebt? „Kontrolle und fordernde Situationen." Wie lange bist du unterwegs? „So lange schon, dass ich meinen Verstand optimal schärfen konnte." Und auch hier die wichtigste Frage: Was ist dein Ziel? „Ich bin erst am Ziel meiner Wanderung angekommen, wenn ich weiß, was mir fehlt, um ein Ganzes zu sein."

Dieser Wanderer war so kühl, so strukturiert, so ganz anders als ich. Und obwohl uns unser Aufeinandertreffen guttat, verabschiedeten wir uns, denn wir konnten unseren Weg nicht zusammen bestreiten. Wir waren beide zu verschieden. Er ging nach Norden weiter, ich nach Süden. Irgendwie tat es mir weh, mich zu verabschieden und wieder allein zu sein, doch ich musste ja auch an mein Ziel kommen und dank diesem Wanderer sprach ich es auch zum ersten Mal aus. Mein Ziel ist es, ein Ganzes zu werden!

Schon seltsam, dass dieser fremde Wanderer und ich so verschieden waren und doch das gleiche Ziel hatten, dachte ich noch so für mich und dabei hatte ich mich schon wieder kilometerweit von ihm entfernt.

Plötzlich fiel es mir wie Schuppen von den Augen! Ich bin ein Mensch mit Herz und Gefühlen. Ich wandere, um mein Gegenstück zu finden! Rationalität und Verstand und Vernunft sind die Dinge, die mir fehlen, um ein Ganzes zu sein und dieser Fremde hatte all diese Eigenschaften! Ich war wie hypnotisiert. Ich drehte sofort um und schaute mir den Weg an, den ich bis hierhin gegangen war. Ich war so schnellen Schrittes und gedankenversunken dahingelaufen, dass die Entfernung kaum noch aufzuholen war. Doch ich dachte einfach so wie der Fremde denken würde: kühl und objektiv. Ich dachte nach, über unseren Treffpunkt und durch welche Straßen ich ihn am schnellsten Einholen kann. So war dies der Augenblick, an dem ich zum ersten Mal umdrehte auf meiner Wanderung! Ich musste diesen Wanderer finden! Genau das und nichts anderes war mein Ziel!

Ich kam an dem Punkt vorbei, an dem wir einander getroffen haben und visierte kurz, in welche Richtung er weitergelaufen war. Ich suchte nach der plausibelsten und geradesten Straße und ging diese entlang in Richtung Norden. Wieder lief ich langen und schnellen Schrittes. Ich war aufgeregt! So langsam küsste die Sonne wieder den Horizont und ich wusste, die Zeit wird knapp. Im Dunkeln werde ich diesen Wanderer erst recht nicht wiederfinden. Ich ging noch so lange weiter, bis ich die Hand vor Augen nicht mehr sah und dann zu rasten gezwungen war.

Die Sonnenstrahlen weckten mich, ich hatte auf meiner Wanderschaft noch nie so lange geschlafen. Ich konnte es mir nur so erklären, dass ich innerlich jetzt endlich mein Ziel kannte und dies meinen Körper so beruhigte, dass ich das erste Mal schlief, als wäre ich angekommen. Doch dafür musste ich immer noch diesen Wanderer finden. Ich überlegte strategisch und lief wieder zurück! Ja, zurück! Denn wenn es ihm genauso ging wie mir, dann muss auch er nach mir gesucht haben! Er muss es einfach getan haben! Ich hatte keine andere Wahl, als mich auf diese Mutmaßung zu stützen. Ich marschierte also wieder los, mechanisch Schritt für Schritt für Schritt. Laufen, laufen, laufen.

Ich kam wieder an dem Treffpunkt an. Ich schloss meine Augen und ließ dieses Treffen gedanklich Revue passieren. Wie wir uns in die Augen blickten: Es war, als schauten wir in einen Spiegel, es war, als wäre er der einzige Mensch gewesen, der mich wirklich erkannt hat.

Meine Augen waren noch geschlossen und ich hing meinen Träumereien nach, als ich in der Stille des Morgens, zwischen den Gesängen der Vögel, Schritte hörte. Mein Herz rutschte mir in die Hose und ich riss meine Augen auf! Ich blinzelte gegen die Sonne und sah Umrisse. Da war er, der Wanderer! Er kam aus dem Süden, aus der Richtung, in die ich nach unserem Treffen aufgebrochen war. Er sah mich und wirkte erleichtert, er lächelte und näherte sich mir weiter.

Als er mir gegenüberstand, sahen wir uns an. Es herrschte Stille, nicht einmal die Vögel getrauten sich zu singen. „Du bist die Person, die mich komplett macht, ich habe dich gesucht und habe gedacht wie du, ich bin querfeldein gelaufen und auf Wegen, die du gehen würdest, Wege, die nicht der Verstand, sondern das Herz wählt – und das alles, um dich wiederzufinden!"

„Nein,", sprach ich, „du bist die Person, die mich komplett macht, ich habe dich gesucht und habe gedacht wie du, ich bin Wege gegangen, die geradlinig und logisch erschienen, Wege, die du gehen würdest, Wege, die nicht das Herz, sondern der Verstand auswählen würde. Alles, um dich wiederzufinden!"

Da dachten wir gleich beide komplett verschieden und trotzdem kreuzten sich unsere Wege wieder. Was für ein schicksalhaftes Glück!

„Ich werde dich lehren, wie du mit dem Herzen siehst, wenn du mich lehrst, wie ich meinen Verstand und die Vernunft schärfe!"

„Wir werden von nun an nur noch zusammen funktionieren. Ich lasse dich keinen Weg, egal ob steinig oder geradlinig, mehr allein gehen!"

Wir waren am Ziel. Zwei wandernde Seelen, die eigentlich eins sind. Zwei Hälften, die ein Ganzes ergeben. Wir mussten diesen langen, schweren Weg gehen, sonst hätten wir nie zueinander gefunden. Jetzt war die Wandertour vollendet. Unser Weg führte uns jetzt Heim. Um dort einen neuen, langen, gemeinsamen Weg einzuschlagen. Den Weg zweier Liebender.

Als ich daraufhin das Leben eines kleinen Jungen führte, mach-
te ich Bekanntschaft mit den Auswirkungen von frühkindlichen
Prägungen. Doch den eigentlichen Bewusstseinssprung erlangte
ich in diesem Leben erst Jahre später, als fast erwachsener Mann.
Das war ein weiterer entscheidender Punkt in einer Art Studi-
um, das ich hinter mich bringen musste, um den Genuss zu fin-
den. In dieser Zeit lernte ich die Dinge kritisch zu hinterfragen
und erkannte, dass doch in jedem von uns Menschen noch ein
kleines Kind steckt, welches nicht ankommen möchte. Jeder hat
sein Päckchen zu tragen und wenn wir anderen gegenüber ste-
hen, sollten wir dies nicht vergessen. Doch ich lernte in den dar-
auffolgenden Leben, mir diese Prägungen genauer anzuschauen,
sie nicht einfach hinzunehmen und danach zu leben, sondern sie
kritisch zu hinterfragen.

Suchen und Finden

„... 21, 22, 23. Alles muss versteckt sein, ich komme!" Henry blickt sich um und es ist kein Mensch zu sehen. Eigentlich sind sie schon zu alt, um noch Verstecken zu spielen, doch wenn sich vier Freunde treffen, die sich seit ihrer Kindheit kennen, dürfen solche verrückten Aktionen schon einmal erlaubt sein. Außerdem, wann ist man schon zu alt für irgendetwas? Und wer soll das bestimmen? Vier Menschen, deren Leben unterschiedlicher nicht hätte verlaufen können, sind auch heute noch so unzertrennlich wie eh und je. Marlene hat Höhenangst, sie wird also nicht auf ein Baumhaus geklettert sein oder sich in der Nähe des Abhangs am Waldrand verstecken; er muss sie in Bodennähe suchen, wahrscheinlich wird sie sich in eine Ausbuchtung von Büschen gehockt haben, sie ist ja auch sehr klein und zierlich. Henry braucht nicht lange, um sie zu finden. Enttäuscht über ihre offensichtliche Durchschaubarkeit ist sie die Erste, die wieder auf der Holzbank Platz nimmt. Richard hingegen versucht, immer und überall jemandem etwas zu beweisen, er wird also ein Versteck ausgewählt haben, welches allen imponiert. Henry geht ein paar Schritte durch das kleine Waldstück und bleibt vor dem Jägerstand stehen; da sich unmittelbar daneben ein Kletterbaum wie aus dem Bilderbuch befindet, weiß er sofort, was Richard gemacht haben muss. „Richy, du bist auf dem Dach vom Jägerstand, du verrückter Hund, komm herunter! Gefunden ist gefunden!" Richard übt noch ein paar waghalsige Stunts aus, um es noch einmal allen zu zeigen und klettert dann athletisch und übertrieben vom Dach des Hochstandes auf den Baum hinüber. Die letzten Meter springt er vom Baum ab und schaut Marlene und Henry empört an, als diese nicht erstaunt applaudieren. „Du wirst wohl nie erwachsen!", stöhnt Marlene. Rosi ist eine Meisterin der Täuschung, bei ihr wird es schon etwas komplizierter. Sie setzt meistens auf die Verwirrung anderer. Also wird sie wohl einfach hinter einem Baum stehen, weil das so einfach ist, dass keiner diese Variante in Betracht zieht. Henry überlegt noch kurz, als ihm eine noch bessere Variante einfällt. Er geht zur Holzbank, auf welcher Richard und Marlene sitzen und sich unterhalten, schiebt beide zur Seite, setzt sich in die Mitte und klopft zwischen seinen Beinen auf das Holz. „Komm unter der Bank vor, Rosi", sagt er siegessicher. Rosi kichert wie wild und Marlene und Richard sind erstaunt, dass sie die ganze Zeit über hier gesessen und nichts gemerkt haben. Henry analysierte nicht akribisch, er lotete kurz aus und vertraute auf sich. So gelang es ihm ohne große Probleme, die drei Freunde zu finden. Henry hat es bisher an nichts gefehlt, er führt ein gutes Leben. Nach dem Abitur war sein Berufswunsch klar und schon während des Studiums wusste er, wo er einmal arbeiten würde. Etwas anderes hätten seine, auf Leistung bedachten Eltern, auch niemals zugelassen. Er besitzt eine gute Menschenkenntnis und verlässt sich auf sich selbst. Häufig wurden seine Zielstrebigkeit und sein hohes Selbstwertgefühl von Neidern bespottet, doch dadurch hat er sich nicht von seinen Zielen abbringen lassen. Er ist glücklich darüber, dass sein Leben bisher so einfach verlaufen ist und sieht dies als Zeichen, alles richtig gemacht zu haben. Henry ist keiner, mit dem man sich streitet. Er ist eher der, der sich alle Standpunkte anhört und dann ruhig und gelassen Kompromisse schließt. So wuchs er auf, so wurde er geprägt und so macht er es bis heute. Jedoch ist es ihm lieber, einer geraden Linie zu folgen, anstatt sich Ausbrüche zu leisten oder Gefühlen eine zu große Bedeutung zukommen zu lassen.

Marlene ist fertig mit Zählen und verkündet lauthals: „Ich fasse nicht, was ich hier tue. Ich suche euch jetzt!" Peinlich berührt schleicht sie durch den Wald. Laut verkündet sie, dass der Waldboden ihre Schuhe ruiniert und sie definitiv weder klettern noch kriechen wird, um jemanden zu finden. Wie eine Übermutter redet sie mindestens zehn Minuten über die Gefahren des Waldes und der freien Natur daher. Außerdem wird sie nicht müde, zu betonen, wie kindisch das eigentlich ist und dass sie solche Dinge mit anderen Menschen, welche sie nicht so lange kennt, niemals machen würde. Während sie all diese sowohl lehrreichen als auch altklugen Dinge erzählt, läuft sie eigentlich immer wieder dieselbe Strecke auf und ab, ohne sich wirklich auf die Suche zu konzentrieren. Marlenes Vorteil ist, dass sie solange redet, bis keiner mehr stillhält und alle durch unruhige Bewegungen ihr Versteck verraten. Zuerst raschelt es in einem Busch. Rosi stöhnt: „Mann, ich muss mal auf die Toilette, das hält ja kein Mensch aus, wie lange du zum Suchen brauchst!" Richard überkommt der Übermut und er lässt sich, um sich zu präsentieren, von einem dicken Ast einer Baumkrone baumeln und beginnt dort eifrig mit Klimmzügen zu imponieren. Zwei von dreien hat Marlene gefunden. Noch drei weitere Sätze darüber, weswegen sie nicht hätten heute Abend einfach in einem Restaurant schick essen gehen können, anstatt sich wie früher am Waldrand zu betrinken, und auch Henry kommt genervt hinter seinem Versteck aufgetürmter Baumstämme hervor. Marlene stammt aus sehr wohlhabendem Hause. Schon früher präsentierte sie immer das Neuste und das Schickste und liebte es, neidische Blicke zu ernten. Diesen „Lifestyle", so behauptet sie, lebt sie nun selbstständig und unabhängig von ihren Eltern. Wenn man jedoch die Tatsache bedenkt, dass sie in deren Firma eingestiegen ist und von ihnen entlohnt wird, dann sind ihre Eltern dabei wohl doch nicht ganz unwichtig. Ein großartiges Auto, neue Schuhe, schicke Restaurants und aufgetakelte Krawattenträger bestimmen Marlenes Leben. Nur den richtigen Spaß und das Lachen außerhalb ihrer Nobel-Welt hat sie verlernt. Während sie ihre übliche Show abzieht und „schicke Tusse" spielt, wie Richard es nennt, zieht das wirkliche Leben an ihr vorbei. Viele Neider wünschten sich, dass ihr, einmal nur, etwas Schlechtes widerfahren möge, damit sie von ihrem hohen Ross absteigt. Nach einer kurzen Toilettenpause von Rosi und weiteren fünf Minuten Vortrag über Anstand und Etikette von Marlene ist Richard an der Reihe.

Er zählt in Windeseile und als er zum ersten Mal „Ich komme!" ruft, protestieren alle. „So schnell kann sich doch keiner verstecken, zähl weiter, du Held!", ruft Rosi. Beim zweiten Versuch haben es dann alle in Höchstgeschwindigkeit geschafft und Richy meint, nun sei die Zeit für seinen Auftritt gekommen. Wie Tarzan pirscht er durch den Wald, ein Bier in der Hand. Er jodelt, robbt voran oder springt über Baumstämme und Steine, einmal in dieser und einmal in jener Ecke. Aber aufmerksam suchen kann er nicht. Seine Aufmerksamkeit gilt ganz ihm selbst. So rennt er in seinem Eifer mehrere Male an Rosi, die doch eigentlich nur hinter einem Baum steht, vorbei und überspringt Henry, der zwischen zwei gefällten Baumstämmen liegt. Erst nachdem ihm seine Show so ganz ohne Zuschauer und Anerkennung zu langweilig wird, fängt er an, seine Blicke schweifen zu lassen und die Freunde aufzuspüren. Doch auch das Finden wird bei Richy zum „Entertainment- Programm". Als er Rosi findet, hebt er sie hoch und schreit dabei lauthals: „Ich werfe dich gleich auf den Ast da hoch!", bis diese kichert. Dann droht er Marlene an, zufällig zu stolpern und sein Bier über ihren Haaren zu vergießen, um so einen weiteren Vortrag über ihren prominenten Friseur auszulösen. Zu guter Letzt macht er noch jodelnd und grollend Bocksprünge über die Baumstämme zwischen denen Henry liegt. Richard wuchs unter erschwerten Bedingungen auf: Er hatte einen strengen Vater und war der jüngste von insgesamt sechs Brüdern. Immer wieder hatte er lernen müssen, dass ihm nur dann Aufmerksamkeit geschenkt wird, wenn er aus der Reihe tanzt. Nach mehreren abgebrochenen Ausbildungen hat er nun sein Hobby, das Bodybuilding, zum Beruf gemacht. Damit findet er immer jemanden, dem er imponieren kann. Hauptsächlich geht es ihm darum, um jeden Preis aufzufallen, damit man ihn nicht vergisst: Eine Prägung seiner Kindheit, die nicht geleugnet werden kann und augenscheinlich wird, wenn man ihn gut genug kennt.

„Wollen wir diese Albereien jetzt mal wieder lassen? Vielleicht bekommen wir noch einen Tisch bei meinem Lieblingsitaliener, wenn ich dort anrufe!", meint Marlene sichtlich genervt. Aber der alten Zeiten wegen einigen sich die Freunde darauf, diesen Abend heute genauso zu verbringen und das vornehme

Essen auf das nächste Mal zu verschieben. Rosi muss noch suchen, dann waren alle an der Reihe. Da es im Spätsommer um diese Uhrzeit schon frisch ist, beschließen sie allerdings, sich danach zu Henry in die Wohnung zu setzen.

Rosi zählt und kichert dabei vergnügt. Als sie ankündigt, nun zu suchen, schlägt sie ihre Augen auf und alle sind gut versteckt. Sie bleibt lange stehen, dreht sich auf der Stelle im Kreis und sieht sich dabei jeden kleinen Ort, der ihr als potenzielles Versteck in die Blickbahn gerät, genauer an. Rosi macht sich langsam auf den Weg in den Wald. Es stört sie nicht, wenn ihre Schuhe dreckig werden. Häufig geht sie bei ihrer Suche in eine bestimmte Richtung, um dann abrupt stehenzubleiben und in die entgegengesetzte Richtung zu laufen. In Rosis Kopf herrscht ein einziges Durcheinander. „Sicherlich wird Richy nicht schon wieder irgendwo nach oben geklettert sein“, denkt sie sich, „das wäre zu durchschaubar. Vielleicht ist Marlene sogar schon zu Henry nach Hause gelaufen, weil sie keine Lust mehr auf das Spiel hat“, analysiert sie weiter. „Bestimmt wird Henry gleich irgendwo hervorspringen und mich erschrecken, weil er mir das Finden erleichtern will.“ Oder ganz anders: „Hoffentlich ist Richy nichts passiert, er ist ja immer so todesmutig und gleich da vorn ist doch dieser Abhang im Wald.“ Marlene wird den ganzen Abend sauer auf Rosi sein, so befürchtet sie, weil sie zum Suchen schon so lange braucht und Marlene deshalb ewig in einer Ecke hocken muss, in der die Schuhe und die Haare schmutzig werden. Vielleicht sollte sie sich beeilen, damit sie Marlene zuerst findet und ihr damit den Abend noch etwas rettet. Ihre Gedanken spielten ihr weitere Streiche: „Wie waren sie gleich nochmal auf diese Idee gekommen, das heute hier so zu machen? War das eine echte Eule oder macht sich Henry aus seinem Versteck heraus da gerade einen Spaß? Ob es Henry wirklich passt, wenn sie danach alle zu ihm gehen? Richard hat heute noch gar nicht viel von sich erzählt, ob es ihm gut geht? Er kompensiert heute wieder ziemlich stark und spielt mit seiner Kraft, sie sollte sich dann Zeit für ihn nehmen.“ Während all diese Gedanken in ihrem Kopf kreisen, geht sie nur wenige Schritte in verschiedene Richtungen.

Rosi möchte es allen recht machen. Henry schleicht irgendwann aus seinem Versteck und legt Rosi von hinten seine Hand auf die Schultern, woraufhin sie fürchterlich erschreckt. Marlene kommt meckernd aus demselben Busch wie beim letzten Mal und äußert ärgerlich etwas über „Kinderkram". Die drei nähern sich dem Abhang, an dem Richy sich hinter einem Felsen versteckt hat und finden ihn gemeinsam. Das Versteckspiel ist vorbei und die vier Freunde packen ihre Sachen und machen sich auf den Weg zu Henrys Wohnung. Rosi ist das typische „Mädchen von Nebenan". Häufig musste sie Verletzungen in Kauf nehmen, weil sie mit ihrer gutmütigen und unermüdlichen Art immer möchte, dass es allen um sie herum gut geht. So lebt sie Tag für Tag ihr Leben und kommt dabei selbst häufig zu kurz. Rosi kann nicht „Nein" sagen, weil sie Angst hat, sie könnte dann zurückgewiesen werden und keiner könnte sie mehr gernhaben. Meistens ist sie diejenige, die verlassen wird. Häufig ist sie diejenige, die noch bis zum Schluss kämpft, die noch losfährt, um Freunde abzuholen, wenn andere schon schlafen, die auf Feste verzichtet, um für Freundinnen mit gebrochenem Herzen da zu sein, die stundenlang zuhört und dabei doch selbst so viel zu berichten hätte. Ständig nimmt sie sich zurück. Wie ein kleines ängstliches Äffchen. Geprägt und verletzt vom Leben, immer auf der Hut, dass ihr und anderen nichts Schlechtes widerfährt und in fortwährender Angst, keiner könnte sie lieben. Rosi würde niemals auf die Idee kommen, alle so schnell zu finden wie Henry, sonst wären die anderen ja enttäuscht. Rosi würde es im Traum nicht einfallen, sich über dieses Treffen so zu beschweren wie Marlene und zwar aus Angst davor, man könne sich von ihr abwenden, wenn sie kundtut, dass ihr das Versteckspiel nicht gefällt. Rosi würde auch keinem den Triumph des Findens nehmen, indem sie alle Aufmerksamkeit für sich beansprucht, so wie es Richard gerne tut. Sie würde ruhig und zögerlich aus ihrem Versteck kommen und den Finder in hohen Tönen loben, damit er sich gut fühlt. Rosi wuchs allein mit ihrere Mutter auf. Diese hatte häufig gesundheitliche Probleme und Psychosen, bei denen sie tagelang im Bett lag. Rosi musste sich bereits in sehr jungen

Jahren, mehr um ihre Mutter und den Haushalt kümmern, anstatt selbst Kind sein zu dürfen.

So unterschiedlich die Wege von vier Menschen auch sein mögen: Sie sind Freunde, weil sie ihre Herkunft und Vergangenheit verbinden. Doch wären sie ein wenig ehrlicher zu sich und würden sich ihre Wünsche eingestehen, dann würde Henry mehr Risiko eingehen wollen und Marlene mehr Zwischenmenschlichkeit anstatt Geld schätzen. Richard würde spüren, dass er keine Wunder vollbringen muss um gemocht zu werden. Und Rosi würde den Mut aufbringen, auch einmal ihre Wünsche zu äußern und durchzusetzen. Sind es denn so gute Freunde, wenn jeder jeden sein lässt, wie er ist, oder wären sie bessere Freunde, wenn sie einander das geben würden, was dem jeweils anderen fehlt?

Haben sie sich tatsächlich gefunden? Oder stecken sie noch mitten in der Suche?

Die vier laufen schweigend nebeneinander her und in jedem von ihnen tobt der gleiche Gedanke: „Früher, als Kind, habe ich dieses Spiel besser gekonnt. Wieso kann ich es heute nicht mehr genießen? Wieso kann ich nicht mehr richtig suchen und finden?"

Doch wenn sie sich einmal sagen würden, was sie in dem jeweils anderen wirklich sehen, könnten sie sich damit so gut helfen, dass ein Versteckspiel wieder Spaß macht.

Aufregend und abenteuerlich war mein Leben als Kapitän. Ich trat immer selbstsicher auf und hatte in den bisherigen Leben viele Erfahrungen gesammelt, welche ich nun – in diesem Leben – alle beherzigen konnte. Bis dahin war es mir nicht vergönnt, all meine Erfahrungen – wie Vernunft, Trauer und Wut, aber auch Liebe, Selbstliebe und vieles mehr – gewinnbringend einzusetzen. Aber als ich als Kapitän in eine Lage geriet, in der ich absoluten Stillstand erfuhr und meine Mannschaft und mich in ein trockenes Zuhause bringen musste, war ich regelrecht gezwungen, all meine **Erfahrungen** abzurufen. Dieses Leben lehrte mich, dass die Erfahrungen aller vorhergegangenen Leben zusammen funktionieren mussten. Und nur so hatte ich zum ersten Mal wirklich den Eindruck, dass Herz und Verstand harmonierten und ich im Einklang mit mir selbst war.

Kapitän

Ich machte meine Sache immer gut, steuerte mein Schiff sicher und sorgte ausgezeichnet für die Mannschaft.

Aber ich war verrufen, als Wahnsinniger, als Verrückter, denn ich erkundete neue Wege, die kaum einer zuvor gewagt hatte. Ich und meine Mannschaft liefen aus zu neuen und unbekannten Ufern. Ich folgte oft nur meinem Instinkt. Viele zweifelten und nur selten sollten sie recht behalten. Meistens waren unsere Touren doch erfolgreich. Auch wenn wir nicht immer das Ziel erreichten, welches wir uns erhofften bescherten uns die Touren dennoch einige neue Erkenntnisse und Wissen.

Mit der Zeit brachten uns unsere Touren aber auch viele Anhänger und Unterstützer ein. Der Zuspruch wuchs und trieb mich dazu an, meine Mannschaft immer weiter zu fordern. Beeindruckt vom Elmsfeuer trotzten wir Stürmen und schweren Gewittern sowie den höchsten Wellen und Fluten. Am nächsten Morgen, als sich die Lage entspannte, beobachteten wir die kleiner werdende Gischt. Daraufhin gingen wir umso motivierter ans Werk und fuhren mit dreißig Knoten weiter in Richtung Horizont.

Wenn wir ausliefen, wussten wir niemals, wann und ob wir zurückkehrten, doch ich liebte gerade das an diesem Seemannsleben. Das war eben meine Erfüllung. Mein Schiff, meine Mannschaft und ich, auf den Meeren und Flüssen des Lebens.

Einst brachen wir wiederholt auf ins Ungewisse. Voller Spannung legten wir ab. Das Wetter sollte freundlich werden und die Mannschaft war guten Mutes. „Seemannsheil, ihr Fluten, ihr geheimnisvollen Gewässer, ihr beschaulichen Wellen, du salzige Luft!"

Volle Kraft voraus, hinaus auf das Meer. Doch auf einer der vielen Karten sah ich einen bisher unpassierbaren Fluss. Mir war klar, dass wir diesen einfach erkunden mussten. Mein Kapitänsherz schlug höher und ich wies meine Mannschaft an, den backbord liegenden Fluss anzusteuern.

Es dauerte nicht lange, bis wir ungeahnt starke Strömungen erreichten. Unser Schiff bog in den großen und breiten Fluss ein. Es handelte sich um einen wunderschönen landschaftlichen Höhepunkt unserer Fahrt, insofern der Fluss von imposanten Felswänden eingerahmt war. Meinem Steuermann vertraute ich blind und die Breite des Flusses ließ es zu, ihn zu passieren. Wir schickten ein Echolot in die Tiefe und die Ergebnisse ließen uns beruhigt weiterfahren. Der Fluss verlor nicht an Weite, war jedoch sehr kurvenreich. Er schlängelte sich durch die Landschaft wie in einem Gemälde, welches nur die Natur allein zeichnen kann. Das Einzige, das uns noch zur vollkommenen Glückseligkeit fehlte, war das einst so gute Wetter. Es war, als hätten wir eine Wetterwand durchbrochen, als wir vom Meer in den Fluss übersetzten. Je beschaulicher die Landschaft wurde, desto dunkler wurde der Himmel und je weiter wir in diesen Fluss hineinfuhren, desto stärker blies der Wind. Ich wies an, mit den Knoten herunterzugehen. Meine Mannschaft war hellwach und machte mich wie immer stolz. Wir rollten die Segel aus und ließen den Wind die Arbeit für uns erledigen. So ging das auch eine ganze Weile gut und ich war mit meiner Entscheidung sehr zufrieden. Mein Schiff konnte nun ruhiger dahingleiten. Es hetzte uns ja nichts. Nur am Steuer hatten wir nun etwas mehr zu tun.

In der Nacht setzte das Wetter uns weiterhin zu und ließ uns nicht zur Ruhe kommen. Der Regen kam durch den starken Wind aus allen Richtungen, die Gewitter waren gewaltig, die Sicht war eingeschränkt. Diese wunderschönen Felswände, die wir am Tage so bewunderten, wurden uns nun zum Verhängnis, denn sie schlossen diese Schlechtwetterfront in ihrer Mitte ein wie ein Kessel. Die Strömung des Flusses wurde ungeahnt stark und wir holten die Segel ein. Uns trieb nun nur noch die Strömung voran. Ich weiß nicht, warum ich meinen Kompass an diesem Tag nicht aus der Schublade in meiner Kabine holte. Wahrscheinlich war ich zu selbstsicher, zu unvorsichtig. Diese ungeahnte Flussströmung trieb uns in einen kleineren, eher unscheinbaren Fluss hinein. Kleiner war er, aber nicht wesentlich ruhiger, also ging unser Kampf weiter. Meine Mannschaft war nun, nach zwei Tagen ohne jeden Schlaf, ausgelaugt, kraftlos und so geschah es, dass ich den Steuermann ablöste. Doch auch meine Kräfte hatten nachgelassen und so war es einem Moment der Unachtsamkeit zu verdanken, dass Teile unseres Schiffes bei einer Kollision mit einem Felsen kaputtgingen. Steuern war nun auch unmöglich. Wir schickten das Echolot hinunter, um die Tiefe zu ermitteln. Das Schiff konnte nicht auf Grund laufen. Sollten wir kentern, wären wir hier allerdings hoffnungslos verloren. Aber es kam noch schlimmer, denn das Unwetter begann erneut erstaunliche Kräfte freizusetzen. Angesichts dieser widrigen Bedingungen konnten wir nur noch zusehen und hoffen, mit dem Leben davonzukommen. Stunden um Stunden, vielleicht auch Tage vergingen. „Oh du grausame See!" Schließlich verlor ich, der Kapitän, das Bewusstsein.

Als ich erwachte, tropfte mir das Wasser von unserem zerrissenen Segel ins Gesicht. Schon der Blick nach oben zum Mast ließ erahnen, wie schwerwiegend die Beschädigungen am Schiff sein mussten. Doch es schien noch auf dem Wasser zu treiben. Langsam setzte ich mich auf. Ein Besatzungsmitglied reichte mir etwas Wasser, das ich zum Teil trank und mit dem ich mir zum Teil das Gesicht wusch, um die Salzränder zu lösen und wieder richtig zu Sinnen zu kommen. Ich sah mich um: Meine Mannschaft hockte an der Reling, einige versorgten sich gegenseitig und stützen sich, spendeten sich Trost. Ich befragte meinen zweiten Steuermann, wo wir uns befanden. Er erklärte mir, dass kein Kompass an diesem Ort zu funktionieren scheint und auch in der Karte kaum ein Anhaltspunkt zu erkennen sei. Wohl hatten wir ein neues Meer entdeckt, was uns vor ein paar Monaten noch in Euphorie versetzt hätte, doch da das Schiff kaputt war und wir Verletzte an Bord hatten, befanden wir uns nun in einem Ausnahmezustand. Auch ich machte mir mit Karten und Kompass ein Bild der Lage. Dieser Ort war so seltsam. Wir fühlten uns so leer, so, als hätte uns der Sturm, der uns hierher getrieben hatte, etwas genommen. Der Ort nahm uns jegliches Zeitgefühl, er sperrte unsere Gedanken ein und wir konnten auch keine Emotionen empfinden. Dieses Meer machte uns leer. Es war fast schwarz. Und das Wetter war immer gleich. Kein Wind, keine Sonne, kein Regen, keine einzige Wolke. Nur grauer Himmel und schwarze See. Es war still, eine Stille, wie ich sie vorher noch nie erlebt hatte. In den nächsten Tagen versorgten wir unsere Wunden, schliefen, aßen und kamen nur langsam wieder zu Kräften. Eine Woche später begannen wir mit den ersten Reparaturarbeiten am Schiff, um einen Weg aus dieser Situation zu finden, doch es war, als hätte man uns unser Innerstes genommen. Kein Antrieb, kein Rückenwind, nichts, wofür sich die Mühe zu lohnen schien. Wir wurden mehr und mehr genauso leer wie dieser Ort. Als saugte uns diese schwarze Tiefe jeglichen Lebenswillen aus, sogar den Willen, von hier wegzukommen oder den Ort weiter zu erforschen. Es war, als hätte jemand die Zeit angehalten, als würden wir stillstehen. Das Essen an Bord wurde zusehends knapper, meine Mannschaft zusehends angespannter und erregter. Keiner unterhielt sich. Es kostete zu viel Kraft.

Vielleicht war dieser Ort, der unsere Gedanken gefangen hielt, der Ort, der uns in die Knie zwang. Der Ort, der uns zwang, in uns zu gehen. Ein Ort, der uns zwang, einen Willen, eine Stärke und einen Selbstwert wiederzufinden. Alles das, was wir verloren hatten. Vielleicht konnte alles nicht mehr so erfolgreich weiter gehen wie vor dieser Reise, als wir noch aufs Geratewohl hinaus schipperten. War ich nicht der Kapitän? Warteten womöglich alle darauf, dass ich Stellung bezog? Bevor ich dies jedoch tun konnte, musste ich selbst erst das Ziel erkennen.

Eines Nachts lag ich in meiner Kabine und starrte auf den Kompass, ich drehte und wendete ihn, schüttelte ihn vor Wut und Verzweiflung. Er hatte mich immer gut gelenkt, doch was hatte ihn nun so in seiner Funktion gestört? Ich schloss die Augen und dachte an all die Reisen und Abenteuer, die ich mit meiner Mannschaft erlebt hatte. Als ich sie wieder öffnete, zuckte der Zeiger des Kompasses kurz. Meine Augen wurden groß und sofort probierte ich ihn aus, doch er funktionierte nicht.

Die Arbeiten am Schiff waren beschwerlich und aufgrund unserer Lustlosigkeit, brauchten wir sehr lange dafür. Schließlich kam aber doch der Tag, an dem das Schiff wieder tauglich für eine Heimreise war. Wir wollten doch schließlich alle heim, oder?

„Herr Kapitän, wie lautet der Befehl?", hörte ich noch einige aus meiner Mannschaft fragen, bevor ich die Tür meiner Kabine wieder hinter mir schloss. Die Männer wurden langsam unruhig, sie brauchten meine Kommandos. Doch ich hatte meine Kompetenz und Entscheidungsstärke verloren.

In der Hängematte in meiner Kabine, in der ich sonst so guten Schlaf gefunden hatte, verbrachte ich nun eine besonders aufwühlende Zeit. Ich litt unter Schlaflosigkeit. Bei Wellengang hatte die Matte immer hin und her geschaukelt, ich fühlte mich stets geborgen und hatte den Eindruck, alles sei in Ordnung. Da das Gewässer aber still und dunkel da lag, blieb auch meine Hängematte unbewegt. Wie mir dieses Schaukeln fehlte! Verbissen schloss ich die Augen und versuchte, zur Ruhe zu kommen. Als ich wieder an all die aufregenden Reisen dachte, entspannte ich mich etwas. Ich steigerte mich in diese Erlebnisse hinein, visualisierte die Meere, die Mannschaft, das Schiff. Visualisierte auch mich, groß, stolz, unablässig nach Höherem strebend. Da hörte ich ein Pochen. Ein leises Schlagen. Ich öffnete meine Augen wieder. Es kam aus diesem Raum. Ich schlich behutsam durch meine Kabine. Manchmal stand ich still, bis ich das Geräusch wieder hörte und setzte dann die Suche in einem anderen Winkel des Zimmers fort. Mein Gehörsinn ließ mich vor meinem Schreibtisch stehen bleiben. Ich suchte mit meinen Augen alles akribisch ab. Es klang fast wie ein Taktgeber. Langsam öffnete ich die Schublade meines Schreibtisches und da sah ich, dass der Zeiger des Kompasses wie wild ausschlug. Ich hatte den Kompass in der Nacht zuvor eigentlich endgültig in die Schublade verbannt, weil er gänzlich kaputt zu sein schien. Ich nahm ihn in die Hände und spürte mein Herz für einen kurzen Moment stärker in meiner Brust schlagen. Ich wollte gerade nach der Truppe rufen, als der Zeiger wieder stillstand.

Ich überlegte kurz… ob er wohl? Den Versuch war es wert! Erneut schloss ich meine Augen, hielt den Kompass in der Hand und betrachtete mich und mein stolzes Leben. Sah mich, den

Kapitän, vor meinem geistigen Auge, dachte darüber nach, was für Ziele und Wünsche ich früher verfolgt hatte. Als ich die Augen öffnete, bewegte sich die Nadel wieder.

Ich schlief in dieser Nacht mit dem Kompass in den Händen in meiner Hängematte ein. Am nächsten Morgen probierte ich es wieder, denn nach dem Erwachen waren meine Zweifel groß, dass alles nur ein Traum gewesen sein könnte. Doch der Kompass funktionierte wieder. Ich ging nach draußen und betrachtete meine Mannschaft. Bei jedem, den ich ansah, überlegte ich genau, was er jemals für mich getan hatte, wie er mir geholfen hatte und was sein Posten war. Jeder brauchte hier jeden und nur zusammen konnte all das funktionieren. Ich nahm die Position hinter dem Steuerrad ein und bekam erneut die Frage gestellt: „Herr Kapitän, wie lautet der Befehl?" Das Meer, auf was uns die Flussströmung hinaus getrieben hatte, war so still. Meine Hand umfasste das Steuerrad, ich drehte es nur langsam nach Backbord, schloss die Augen und sah, wer ich einst war, nun deutlich vor mir. Vielleicht will ich nicht als derselbe heimkehren, aber zumindest doch mir treu bleiben und mir von den Stürmen der See nicht mein Ich rauben lassen. Als ich die Augen öffnete, gab mir mein Kompass klaren Befehl und ein kleiner Windstoß blies den Kragen meiner Uniform nach oben. Ich drehte mich zur Mannschaft um. „Männer wir fahren nach Hause! Alle Mann Backbord, setzt die Segel und volle Kraft voraus. Wir verlassen jetzt den Ort, der uns so viel genommen hat, für immer."

Manche Begegnungen lassen uns nachhaltig an uns zweifeln, nehmen uns alle Energie und allen Lebensmut, doch sorgen sie gleichzeitig dafür, dass wir in uns gehen und unser wahres Ich wiederfinden. Jeder große Rückschlag bietet auch die Möglichkeit, wieder ganz von vorne zu beginnen. Durch Rückschläge können wir Erfahrungen sammeln und wir können aus ihnen lernen. Danach werden wir nicht mehr dieselben sein wie vorher, aber wir werden besser sein als je zuvor. Es lohnt sich, wenn es auch schwer ist; den Weg zu seinem Inneren zu finden.

* *Elmsfeuer: elektrische Entladung bei Gewittern, die in den Masten kleine Flämmchen entstehen lässt.*

* *Schaumkronen: bei Auftreten von Wellenkämmen*

* *Knoten: Geschwindigkeitsmaß in der Seefahrt*

* *Echolot: Gerät zur Messung der Wassertiefe.*

Etwas fehlte mir jedoch noch auf meiner Reise durch all diese verschiedenen Hüllen. Ich hatte gelernt, dass das Leben ein Zusammenspiel aus allem ist und ein großes Ganzes ergibt. Ich hatte gelernt, dass ich die Quelle bin, dass ich aus meinem Innersten heraus Dinge in bestimmte Richtungen lenkte und alles nur durch mein Handeln passierte. Mein Bewusstsein war individuell, einzigartig. Doch etwas fehlte, und zwar die Freude darüber, Ich selbst zu sein. Im nächsten Leben besuchte ich erneut einen Kinderkörper. Dort lernte ich die sterbliche und menschliche Zeit kennen. Wenn man einmal die Zeit besucht, sieht man bei ihr jede Menge lachende Kinder, aber auch Regale voller Sanduhren. Die Zeit versucht so oft, den Erwachsenen ihre Kindheit und Unbeschwertheit vor Augen zu führen. Doch auch sie ist häufig frustriert, weil es ihr bei den wenigsten gelingt. Sie lehrte mich das Fröhlichsein. Denn wer weiß schon genau, wie viel Zeit wir noch haben? Ich begriff, was **Freude** war. Nur ein wahrhaftiges und herzliches Kinderlachen konnte mich daran erinnern.

Lachen

Kinder leben im Hier und Jetzt. Sie denken nicht an gestern und an morgen, nicht an Geschichte und Geschehnis und auch nicht an das Geheimnis der Zukunft. Damit haben sie uns viel voraus. Sie stehen nur jetzt auf einem Felsen und genießen den Ausblick, sie schaukeln nur jetzt und spüren das Kribbeln im Bauch, wenn sich die Schaukel himmelwerts bewegt. Sie sitzen nur jetzt auf einer Bank und beobachten die Enten und genießen die Sonne. Sie hüpfen nur jetzt auf dem Bett herum und lachen sich dabei krumm. Beneidenswert.

Zu lang war ich gefangen in einer Zeit, die schon Jahre zurück lag, doch hier und jetzt drehe ich meine Sanduhr um.

Gegen das, was gestern war und das, was morgen kommen wird, kann ich nichts tun. Ich kann zwar planen, aber dabei nicht leben, oder ich lebe endlich und höre auf mit dem Planen.

Ich bin es wert, dass es mir gutgeht und deshalb tue ich jetzt alles, was mit guttut. Heute. In meiner eigenen Gegenwart. Nur wenn ich an das Heute denke, kann ich achtsam sein. Und ich muss mich selbst achten und lieben. Ich saß nur vor Jahren mit dir auf der Bank, ich habe vor Jahren mit dir getanzt oder meinen Geburtstag gefeiert, aber nicht heute. Ich habe vor Wochen deine Zeilen gelesen, aber nicht heute. Du warst mir nahe und wirst es immer sein und ich lerne aus meiner Vergangenheit mit dir, meine liebe Seele. Doch hier und heute denke ich nur noch an mich. Ich werde nicht traurig sein, wenn ich an dich denke, nicht sehnsüchtig, wenn ich mich an unsere Erlebnisse erinnern werde und nicht erwartungsvoll, wenn ich an meine Zukunft denke. Denn all das ist geschehen oder wird vielleicht kommen, aber all das liegt nicht in meiner Hand. Das lag es noch nie. Deswegen lasse ich dich ziehen und fange an mich selbst zu lieben. Ich lerne aus dem Erlebten, doch ich lebe nicht mehr darin, denn nur die Menschen, die mir gerade gegenüberstehen, sind hier und jetzt wichtig für mich. So viele Jahre habe ich nur in unseren Erinnerungen gelebt, aber das hört jetzt auf.

Der Sand rieselt durch die Uhr, es ist mein Moment, meiner ganz allein. Mein Leben, mein eigenes. Mein Glück oder meine Trauer. Es ist das, was ich daraus mache und nicht das, was bisher geschah.

Wie oft habe ich mich gefragt, wo ich leben soll, dabei war die Antwort so einfach: Im Hier und Jetzt!

Endlich habe ich es geschafft, mich selbst wiederzufinden, ohne mich durch dich definieren zu müssen. Endlich kann ich mich selbst lieben und damit umgehen. Ich starte jetzt in mein Abenteuer, in mein Leben. Ich teile mein Leben mit großartigen Menschen und tue das mit einem Lachen.

Nicht das Geschehene ist es, was uns definiert, sondern wie wir damit umgehen.

Sind wir also einfach wie Kinder, und akzeptieren, ohne zu hinterfragen, Tun, ohne zu analysieren und lachen, ohne darüber nachzudenken ob wir das dürfen. Freuen wir uns darüber das es uns gibt und darüber das wir sein dürfen wer wir sind.

Der Genuss in meinem Leben stellte sich ein. War ich doch jetzt schon so oft inkarniert und hatte zum ersten Mal das Gefühl, im Einklang mit mir zu sein. Nun bin ich in deinem Körper. Eine Lernaufgabe soll der Genuss nun sein: Das Leben genießen im Einklang mit allem, was mir innewohnt.

Du und dein Leben: Du bist meine erneute Prüfung und unsere Aufgaben liegen auf der Hand. Du musst lernen, vernünftig zu sein und endlich loszulassen was dich sonst zerstört. Du wirst lernen müssen, zu vergessen, um akzeptieren zu können was bis hierhin geschah. Dabei darfst du auch einmal traurig und wütend sein. Doch gib dir immer Mühe mit dir selbst und anderen. So wirst du Wertschätzung und Dankbarkeit in dein Leben lassen. Du wirst gemeinsam mit mir auf dem Hochseil balancieren zwischen Offenheit und Grenzen setzen, bis wir das Gleichgewicht gefunden haben, das es braucht, um einerseits dich selbst zu lieben und andererseits die Liebe zu anderen empfinden zu können. Mit einer Portion Verständnis und – durch deine Erfahrungen- geprägten Blick auf die Situationen und Menschen in deinem Leben, kannst du letztendlich die Freude zulassen und wir werden den Genuss am Leben gemeinsam zulassen können. Erlaube dir dein Lächeln und fühle dich frei. So frei als ob du Fliegen könntest.

Fliegen

Wäre ich noch dieser Vogel, der ich am Anfang war, dann könnte man sagen, dass ich nun in dieser Freiheit zwar zu leben vermag, aber ich sie nicht mehr zum Leben brauche. Weil ich voll und ganz bei mir angekommen bin. Komme, was wolle: Ich bin bereit dazu und stark genug. Sei du nun wie ich als Vogel und fliege, spüre den Wind zwischen deinen Federn. Jede Feder besteht aus einer meiner vielen Leben und den damit verbundenen Lernaufgaben. Nur gemeinsam halten sie dich in der Luft. Du kannst endlich unbeschwert und frei fliegen und es genießen. Flügelschlag für Flügelschlag.

„Bereit?" höre ich den Tandem Piloten fragen. Ich lächle am laufenden Band, weil ich gar nicht mehr anders kann. „Los geht's" gebe ich das Startsignal. Und nach ein paar Schritten heben wir mit gespanntem Schirm ab – in die Luft. Ich fliege in mein neues Leben – voller Genuss. Der Wind saust durch die Haare, und die Bäume unter mir sehen winzig klein aus. Ich lächle weiter, ich bin so fröhlich. Ich genieße den Augenblick und sauge die Gefühle in mein Gedächtnis auf, um mir auch in schweren Zeiten klar zu machen, dass es sich lohnt zu leben. Ich überfliege Wälder und Straßen auf denen Wanderer gehen, Spielplätze auf denen Kinder lachend spielen, Bänke auf denen Verliebte sich Küssen und kleine Segelbote die über die Seen schippern. Von weiten Regenwolken die von Sonnenstrahlen durchbrochen werden. Neben mir ein paar Vögel, welche mit Leichtigkeit gleiten und unter mir Eltern, die mit ihren Kindern Hand in Hand gehen. Es gibt nichts was mich mehr genießen lässt, als mein eigenes Leben so zu gestalten wie ich es möchte.

Nachtrag

Ich würde mir wünschen, dass dieses Buch mit seinen lehrreichen Geschichten und liebevollen Illustrationen den Lesern als Stütze dienen kann. Es ist weder mit wissenschaftlichem Anspruch geschrieben, noch sollte es rein zur Selbsthilfe genutzt werden. Es sollte eher als kleiner Wegbegleiter für schwere Zeiten gesehen werden. Denn haben wir nicht alle schon einmal ein schwarzes Monster getroffen, welches uns so mit seinem Schatten bedeckte, dass wir lange brauchten, um die Sonne wieder zu sehen? In all den Geschichten wird jeder Leser seine eigene Wahrheit erkennen und das ist gerade das Zauberhafte am Leben. Also gebt Euch Zeit und lebt! Ihr seid die Quelle Eures Bewusstseins und ein Zeichen dafür, dass unsere Seele existiert.

Mein Dank geht an:

Meine Eltern, die in jeder Lebenslage für mich da waren und sind.
Alle die, die meine Kurzgeschichten inspiriert haben …
… und an Dich, der mich, ohne es zu wissen, dazu gebracht hat, dieses Buch zu beginnen.
Auf Dich und die Sterne!

HERZ FÜR AUTOREN A HEART FOR AUTHORS À L'ÉCOUTE DES AUTEURS MIA ΚΑΡΔΙΑ ΓΙΑ ΣΥ
ΑΝΤΑ FÖR FÖRFATTARE UN CORAZÓN POR LOS AUTORES YAZARLARIMIZA GÖNÜL VERELIM
PER AUTORI ET HJERTE FOR FORFATTERE EEN HART VOOR SCHRIJVERS TEMOS OS AU
ZÖNKÉRT SERCE DLA AUTORÓW EIN HERZ FÜR AUTOREN A HEART FOR AUTHORS À L'ÉC
АО ВСЕЙ ДУШОЙ К АВТОРАМ ETT HJÄRTA FÖR FÖRFATTARE À LA ESCUCHA DE LOS AU
MIA ΚΑΡΔΙΑ ΓΙΑ ΣΥΓΓΡΑΦΕΙΣ UN CUORE PER AUTORI ET HJERTE FOR FORFATTERE EI
ARIMIZA ÖINKÉRT SERCE DLA AUTORÓW EIN HERZ
SCHRE ÁО ВСЕЙ ДУШОЙ К АВТОРАМ ETT HJÄRTA

Die Autorin

Franka Unger wurde 1989 in der Kurstadt Bad
Schlema (Sachsen) geboren, wuchs im sächsischen
Erzgebirge auf und hat zwei ältere Brüder. Sie ist
ausgebildete Friseurin, Fitnesstrainerin und Erziehe-
rin. Ihre große Leidenschaft gilt dem Schreiben, mit
dem sie im Jahr 2014 begonnen hat. Das Schreiben
nutzt sie nicht nur zum Alltagsausgleich, sondern
auch zur Verarbeitung von Erlebnissen – seien
diese nun belastend, erfreulich oder rätselhaft. In
der Vergangenheit hat sie einige Kurzgeschichten
und Novellen verfasst. Mit „Flügelschlag für Flügel-
schlag" legt sie ihren ersten Roman vor, der zu-
gleich auch als „Wegbegleiter für schwere Zeiten"
dienen kann. Protagonistin dieses inhaltlich und
formal gewagten Werkes ist eine Seele, die ver-
schiedene Inkarnationen durchläuft und zu neuen
Einsichten gelangt.
Franka Unger hat einen Sohn und lebt mit ihm in
der Nähe ihres Geburtsortes.

novum VERLAG FÜR NEUAUTOREN

Der Verlag

„Wer aufhört besser zu werden, hat aufgehört gut zu sein!"

Basierend auf diesem Motto ist es dem novum Verlag ein Anliegen neue Manuskripte aufzuspüren, zu veröffentlichen und deren Autoren langfristig zu fördern. Mittlerweile gilt der 1997 gegründete und mehrfach prämierte Verlag als Spezialist für Neuautoren in Deutschland, Österreich und der Schweiz.

Für jedes neue Manuskript wird innerhalb weniger Wochen eine kostenfreie, unverbindliche Lektorats-Prüfung erstellt.

Weitere Informationen zum Verlag und seinen Büchern finden Sie im Internet unter:

www.novumverlag.com